當直覺綻放，神性甦醒
會發現：

自己就是一個寶藏

王靜蓉 文·攝影

全然信任，自己就是無價寶

歡迎來到閃閃發光的寶藏世界！

誠摯邀請您，放下手邊雜事，放下心頭執念，放下腦海思緒，靜靜的體會，就從這裡開始！

靜蓉是一位值得敬佩的心靈工作者，多年以來，持續耕耘靈性成長的領域，勇於探索，勤於書寫，樂於分享，並身體力行帶領多項國內外心靈工作坊與課程，散播光明散播愛，幫助需要幫的人，療癒需要療癒的靈魂，照亮學習的旅程。

同是修行路上的夥伴，十分欣賞其文如其人，如沐春風，清靈透澈，字裡行間，她以宇宙觀想、以人間感應，穿透夢幻泡影，依然有屬於無法強求之外的無限可能，一切隨緣惜緣，定心自性，自由自在。身為她的忠實讀者，我非常享受在這本書裡尋寶的樂趣，沿途風景芬芳美麗，俯拾皆是晶瑩剔透的靈感哲思，正覺得陶醉，忽又聽見天使的笑聲在問：何處惹塵埃？不禁會心一笑，心有靈犀。

每逢福至心靈，我會到彩券行進行一種實驗，感應靈動力與實相之間的聯繫，有時連線，有時默默離線，這就是人生，繼續練習。正如靜蓉在書中的提醒，正在發生的就是道，不抗拒，不追求，不執著，與發生合一，活在道中。

越是處在紛亂的時空，越要學會安住自己的心。閱讀這本心靈好書，讓自己聚精會神向內在凝煉，會合。全然的接受，全然的信任，自己就是一個寶藏。

我滿懷感恩，接受這份美妙的禮物！

謝謝靜蓉，祝福靜蓉～祝福所有啓航的靈子～

(夏本清老師，台灣資深心靈工作者)

請與我們一起發現無價寶：

靜蓉老師大隱隱於世，行走漫步在世界，隨心而發的微笑，如此平凡簡單。這是真正歷經風雨沉浮，穿越歷煉而生的恬適淡然，赤子之心。

老師的心識是星辰大海，神秘深邃、廣闊無垠。她超越人文宗教，超越人性信念框架，在世界反射著源頭愛的光芒。不論是從文字聲音或親臨課堂而掉入其中，都會讓心卸下小我的防衛，溶化自以為是的創傷僵硬，光照人心中原來的自性之光，寧靜溫暖地讓人安全抵家。

只要你願意停下來、靜下心來看一下、聽一下、感受一下，願大家一起徜徉在這份幸福好、簡單純粹的意識之光裡。

許瑜栗 / 神經內科醫師

這是一本稀有的小書。讀它，不只是文字。

接收的，是來自生命泉源的「喚醒」，透過「感知的天線」穿梭其間，永恆於「活在靜默中」，一如書扉的三部樂章，也一如祂──存在本身。

珍貴，因它傳遞了那不曾被表達的，並揭露了療癒蛻變的關鍵，以治療師、覺者、愛人、門徒、世間人的豐厚體悟，如實醇釀精萃。

如果你發現它，會感謝這恩許的贈予，一張無字的空船票，來吧！在意識的海洋破浪，沿途直覺之光綻放，神性之愛甦醒，在一頁頁的導覽中，抵達傳說中消失的……那岸。

陳一菁 / 大學講師

我所認識的靜蓉老師是反璞歸真一赤子，她是很多人的靈性啟蒙老師，也是我看過在生命裡最謙卑的學生。

她是存在愛的門徒，名字叫無邊無際，她落實了這個名字，不停留在任何固定的思想概念形式上，一直往內在走得更深更深。她

用自身的體驗、証悟讓我們明白：「自己就是一個寶藏」，她邀請有緣的朋友坐上她的空船，喚醒被遺忘的聖心，知道我們本來即是。

鄭德馨 / 心靈工作者

靜蓉老師是覺醒的鐘聲。她慈悲為懷，以身說法，以文字為引，音聲為藥，以心傳遞無形無相真理。

是天使在人間，感紅塵親切，將化苦為的智慧千方百計無私予你知曉。

她用活潑潑的生命展現空性鏡相，總在喜悅光明的靜心之地迎接你，帶你飛往遼闊的神之所在。

她是愛和虔誠的化身，行深無盡藏，如是如是。

曾玉心 / 自然工作者

跟隨著靜蓉老師學習多年，初以療癒開啓了內在探索之路，這一路光景無限，彷彿走了萬水千山、折了百轉千迴，雖時有危崖陡壁、險峰峻峭，然在我心深處確曉有一良師默默地看顧著：徒勞繞路也好；執意涉險也罷，在我力竭求援時，總能見那和光閃耀引路，認出一切皆是恩典。

老師領著我們學習，清透靜好、寬廣無際的內在宇宙是她的芬芳，每每見她深耕、內化、穿越、提昇、反璞歸真，更具慧心慈懷，在這樣包容接納的學習過程中，身體細胞存留的那份鬆柔與心靈意識的祥和寧靜，是隨時隨處都可喚起的珍貴寶藏。

走在向內探索、覺察觀照的路上，老師的無畏與道心是我的明燈，輕喚著我回到自己，莫再執苦為樂，所有的生滅都是相互滋養互相成全，真空妙有再恰好不過了。

衷心感恩一切的發生，祝福所有同在生命旅途的朋友們。

楊雅婷 / OH 卡教師

目錄

三、活在靜默中

一體心光，就在我內
（攝於義大利西恩那）

天使鳥瞰生命

「天加福逆著來，人才嚇一跳，人加福順著來，人才都知道」，就在這樣不知情的懵懂中，我們展開了探尋，經驗了限制性的自己，也經驗破繭而出、歷經一番寒徹骨的自己。一路的試探、磨練、峯迴路轉就是為了把真正的自己找回來、陸陸續續、點點滴滴地找回完整；人越回來則越當下，越回來，越直覺，覺性將漸次甦醒，注意力從客體轉向真己，因此，得直覺綻放，得覺性甦醒，才深信這一切是有更大的力量在帶領著，也就是生命是由天加福而來，上天在萬有裡、也在心深處，一直在守護著我們；這更大的力量稱為「本來面目」、「道」、「恩典」，也是我們真正的自己。

2020年起，地球進入更深邃的淨化，我開始整理了舊作，寫了新文，願照顧到靈性光譜上不同階段的兄弟姊妹，都能開啟內在無價寶，祈願藉著「自己就是一個寶藏」一書，奉獻給出在恩典守候的路上，我的吉光片羽，也許在某個關鍵時刻，成為您的天使之音，帶您穿越困窘，飛得更高，看得更遠。

感恩生命與一體的您！

王靜蓉

2021.3.10

喚醒

天地間，音聲光影，都是甦醒的觸媒
生命裡，煩惱考驗，正是覺知的燃料

天使心法作品

喚醒，持續地一醒再醒

醒來，清醒過來。

您準備好回到自己的本來面目了嗎？

人一生的終極追求都是幸福圓滿，而真正的圓滿，只能來自自性本身，來自醒悟，不會來自坑洞的填補和追求。

補洞的需要，需要被停下來，評判需要被停下來，信念要持續地燃燒消融，以便能在當下停歇息。

生活繼續著，而不安帶著人重複輪轉，用觀念知見綑綁自己、綑綁別人，繼續在顛倒夢想裡折騰。

人需要的是離苦之心，是出離的渴望，是受苦帶來的離幻心切。

如果生活過得好好，人不會想醒來，所謂「富貴修行難」。如果帶著許多靈性知識，足以餵養小我，也不會願意醒來，「自我」會持續地壯大，聰明的自我，知道容易，做到難。

我們的本質是醒覺的，我們是來這裡找回永恆本覺的，把自己預備好，敏於觀察、謙虛學習，真心面對自己，並且脫落認同，知道現象如夢者，就向醒來靠近了。

感恩一切身外物，一切是心的顯化

輕鬆地鬆開顛倒夢想

常人的一生為工作而活，為家庭而活，為形象而活，為得失心而活，當經歷過了體驗過了，卻沒認識心、沒有醒覺，就是活在顛倒夢想中。

是的，上述的追求只為了透過體驗使你及時領悟，領悟到：凡所有相皆是虛妄，在過程中成長、在過程中識心，別迷上對象物，認同對象物，從認同中鬆脫，從認同中學會觀心。

不論多麼沉迷對象物、多麼物化，自性的覺知還是在的，請持續透過學習來平衡身心靈，身體會沉淪、頭腦會自欺、而靈魂想要急轉彎、想要做出正確的行動。

不論你處在哪裡，都不要賠上自己的生命。不論你在經歷什麼，困難時請記得這是個考驗，順遂時請感恩這一切身外物，知道一切是心的顯化，每日依然靜心覺察，不追逐逸樂，體會不鬆也不緊的平衡。

醒覺是上帝安排的，我們則要持續鬆開頭腦的概念化，頭腦永遠假裝知道、頭腦以為可以越級速成，不肯老實修行。而心以親証、以一個流接著一個流，循序漸進地脫離想像和概念。

台北冬織日遊

心是織錦師

母親是編織教師，自小就常伴著母親用大織機織著美麗的毛衣，耳濡目染，也具有對織物的敏銳美感。

以前玩過無數的染織藝術，現已斷捨離。

今參加涵涵辦的第二場冬織日遊，見年輕的創作者悠遊於各種手作刺繡編織的創作，媒材多樣，寓生活沈澱於創作實驗中，和媽媽的年代已大大不同，使我想起才華洋溢的媽媽，我的美感啟蒙者，為我的金星一宮注入源源不絕的賞美能量的媽媽，她將才華最大值地奉獻給家人。

我則是將審美經驗轉化在靈性工作裡，年年歲歲傾注愛，為人們做靈性啟蒙，認識心的這位工畫師，祂創造了美與神聖，顯化了陰暗與谷底，奧妙不已！

必須用心點亮美，在漫長的職志生涯支持我們的是不滅的初心，來自生命根源的覺心覺性。

創作會過去，愛，會重新找到表達，我們有時沈潛，有時行動，放鬆地前進，與道俱進。

湖畔光影，清淨如心

靜聽，湖 與 樹

在吉隆坡開課時，住在一個很美的渡假村。

清晨，群鳥在窗前歌唱，我的心像躺在搖籃裡般舒暢，推開窗，大自然全甦醒了，森林、湖水湖面上剛剛綻放的睡蓮，桃紅色的睡蓮以她的純淨呼喚我，我坐在湖邊靜聽睡蓮柔柔軟軟的輕語！靜聽湖面安安靜靜的能量流動。靜聽晨光輕聲細語的歡唱。

坐在菩提樹下，菩提樹以她的身姿教我靈氣與能量的脈動，每個枝幹、每個葉脈都是知識，天賜的真理源源傳來，訊息鮮明，我心振動。

處在大自然裡，我的心輪會散發感動，由心上溢出、溢出，充滿雙眼，成了晶瑩淚珠，為著自然無飾感動，感動她的美、美得絕對與純淨──而這是人所遺失的！

或坐在大樹大大的傘下，欣賞它帶來的宇宙律則，葉脈如何伸展、氣息如何流送與輾轉……如何穩穩地不動地紮根於泥土，將養份輸給大地；如何成為植物與人們的遮蔭、又是如何地與螞蟻嬉玩……。

渡假村裡有十來個湖，在一個湖上小小島，我遇見一株天使樹，當我散步於湖邊，祂忽然呼喚我，我爬到祂所在的小小島上，聆聽祂的訊息，和祂交流，認識祂，彼此傳達愛意。

遇見天使樹時，正有一個工作坊等著我回去進行，而我彷彿和祂同在天堂的島嶼上，遺忘時間，靜享超越時空的波頻流動！

眾湖中，有一面湖特別透明，我喜歡坐在湖旁的木凳上，讓湖上的倒影照出心的幻影；晨光，不斷地刷亮湖面，穿透進入湖心深處，也穿透進入我心深處，我是湖，湖是我，寧靜是湖的言語。

幸福感油然而生，在寧靜與幸福中，了無牽掛。

回去上課的路上，再去看看這些好朋友，美麗的水源處、天使樹、大大樹、菩提，及枝幹有傲氣的雞蛋樹、依然清醒的睡蓮……相會，訊息便交換了，能量便交流了。

飽滿滿的，進教室去！

（本文選自《光的工作書》，2009 年出版）

清淨是心，靜寂是茶 / 京都小景

茶意如心

喝茶，喝的是閒與在。

心的鬆，不簡單。鬆是醇熟，是被體驗淘洗過、是陰陽整合過、是將時光拿來做淬煉，爾後自然行到水窮處，得以坐看雲起時。

不論工具媒介如何好，是缽、是琴是茶、是療癒方法，要有歷練後輕鬆的心去運用才好。

就像《日日是好日》電影裡的話：「忘記了頭腦，只有手自然地運作」，是一種忘我，心裡有空間、生命有餘裕，是閒，是優雅。

人易緊不易真鬆，需要練習。先擺對位置，順好因緣，覺察正在發生的事，讓心如茶葉般，在水中放開、融合、合作，綻放出每個幻化。

日式茶道和我們喝的生活茶雖然不同，希望抵達的源頭都是相同的，都希望在賞美的氛圍中臣服於生命、禮敬生命，清敬和寂，在當下。

安住自性，在中心 / 泰國解脫園

在，在中心

我看見了，那兒有事情發生。看見了，那件事讓人皺眉
……。（啊，怎麼這樣。啊，真糟糕。）

嗯，然而這與我沒有關係，我只是剛好看見，看見了它的
過去、現在與未來。我不擔心，也不被牽引，它在那裡，
我在這裡，我看到，並不想用我的意念改變它什麼。

就讓它是這樣吧！

既然發生，就是學習所在，雖是錯誤，雖然會見干戈、雖
然有人會哭有人會生氣，甚至有人痛苦一下，就讓它是這
樣吧。

我繼續存在我的存在。觀看著，如實與清晰；交流著，進
來與給出，我明白了、明白那更大的與我之間的畫面：

靈魂是風箏的線頭，生命是風箏，而更大的道是宇空：包
含地與天，藍與綠，白日與黑夜，風，拍打著、引領著，
吸引我向著更大的飛，永遠，吸引著我。

風箏，翱翔在藍藍的天！

（本文選自《光的工作書》，2009 年出版）

生活中，處處是祂

和祂相遇

祂,從未離開我,我從未離開祂。

有時,我愛問祂,祢為何把我獨自留在這個星球?

祂說:

「這是一個遊戲,

一個祢離開我,再重新找到我的遊戲。」

但是,祂從未離開我啊。從這一世我甦醒過來起,我看見人間場景,在童年生活的地方,看見人們帶著不同顏色的光暈,他們的情緒隨著光暈起伏變異,我的腦子問:「為什麼他們不快樂?」我感染到這不快樂的低頻振動,也跟著低盪了。

我不斷問「為什麼?」對我此生的父母,不斷問「我是誰?」對我自己。這是一個什麼樣的「我」將被賦予在這一世呢?

「我」加進來,感受就被賦予強度了,我被打針,我在痛;我被誤解,我傷心;我無助,我孤單,我害怕……我在這兒,祢在那裡?

而祂,從未離開我,不論是我喜孜孜、樂陶陶,喝醉在笑聲中,或是悲從中來,洶湧撕裂不可抑止,呼喊著祂的名,

一時，我都瞥見光，從祂那兒來，強大光能照亮我的磁場。

我一直在找祂，從我自己身上、從我所摯愛的人；自孩子的笑鬧嬉戲間，至身心的跌宕起伏變化，或是與愛侶的身心交融中，甚至在身心俱疲、無語問蒼天的降服裡，我問著祂：

「祢在那裡？祢到那裡去了？」

我思念祂，透過思念愛侶，透過思念師父，透過思念我自己。

我好思念祂，空性愛人啊，祢在那裡？

我想念，這已經和我連結的祂，我從外在去找，祂不在外面；

我飛過不同國家，行過陌生地域，祂不在外面，聽說啊，聽說祂就在我裡面，若在裡面，這如何認取？

只聽見祂說：「請你與我融解得更深、更深，融解在沒有界線，沒有時空處，在沒有任何人格面的地方，就成為沒有任何人，在那裡，每件事都和你在一起。」

「那裡有師父，那裡有指導靈。那裡有樹，那裡有花，那裡有鳥，就在那沒有界線的地方，在存在最神秘處，你就到了，就到了！」

我一聽，流淚，淚流不止。

我一直在找祂，透過分別，透過界定，透過迷失和遺忘，透過找到又遺棄，我在找祂，祂，從未離開我。

我是神的小孩，神恩寵的孩子。這恩寵使我不知如何是好，便選擇了遺忘，向恐懼靠攏。恐懼總伴隨成群理由，把我耍得幾乎分裂，日復一日呼喊祂的名，而祂，一直和我在一起。

生活中，祂來過，透過一樁樁事件將高頻振動傳遞給我，要我休息，要我放鬆，要我信任，我和祂隨處可遇，隨時會心而笑。

像是跋涉過存在的沙漠，足履艱辛，返鄉時，發現那只是一場夢，「我」在夢中，祂在祂裡。

祂說：「活在苦難中。別逃避它。

妳是人間天使，天使不會逃避容許恩寵來到的苦難。

對它說『好』，對它說『是的』。

受苦像是舞蹈中的下一個旋轉，就讓它變成是祝福吧！」

就站在光之河之河岸，對每一件來到眼前的，說：「是！」

說：「好久不見，真高興再看到祢！」

接受每一股能量的鼓舞，敞開來，被祂所啟迪。

（本文選自《沐浴在光中》，2001 年出版）

臨在時光

如果上帝允許，明天就會發生

當偉大的蘇菲家哈斯正在垂死時，弟子問哈斯：「你真正的師父是誰？」哈斯說：「我有千千萬萬個師父，光是要唸他們的名字就要花幾個月呢，現在我沒時間了，但是，有三個師父一定要告訴你。」

「一個是賊。那次我在沙漠迷路走到村子時已很晚了，只遇到一個賊在屋子外牆鑿洞，我就問他有什麼地方可以過夜？他說：『這麼晚了，很難找，不過如果你能夠和賊待在一起，那是有地方住的。』」

「那個人很美，我和他住了一個月，每天晚上他會出去工作，當他回來，我問他：『你有偷到什麼嗎？』他就說：『今晚沒有，但是明天我會再試試，如果上帝允許的話！』他從不絕望，總是很快樂。」

「我靜心了好幾年，什麼事也沒發生，我很失望，這時，就會想到那個賊每晚說的：

『如果上帝允許的話，它明天就發生。』」

「第二位師父是一隻狗，有一次我很渴，到了河邊要喝水，一隻狗跑來也要喝水，但是牠看到河裡有另一隻狗在那兒，牠怕得逃走了，但是，因為實在太渴了，又跑回來，不顧一切地跳進水中，河裡的那隻狗那個倒影就不見了。從這

件事我得到一個神的訊息：「一個人必須不顧一切恐懼地跳下去！」

「第三位師父是小孩子。我在城裡遇見一個小孩，小孩正帶著點燃的蠟燭要到寺院去。」

「我好玩地問小孩：『本來蠟燭沒有點燃，現在它點燃了，你可不可以顯示給我看，那個光來自哪裡？』」

「小孩笑了，他吹熄蠟燭，說：『現在你看到光消失了，它消失到哪裡去了？你先告訴我！』」

「我的自我被粉碎了，知識也粉碎了，就在那個片刻，我發現自己的愚蠢，從此，我放棄所有的知識。」

哈斯說：「我沒有師父，並不意味我就不是門徒，我接受整個存在做我的師父，我從生活深入地學習，信任雲和樹木，按照存在本然的樣子來信任它。我沒有師父，因為我有無數的師父，我從每一個可能的來源學習！」

這個故事帶來三個啟示：

第一，如果上帝允許，它明天就會發生。

宇宙中沒有意外，我們能得到這個或那個，除了個人的努力外，最後還得看上帝的意思。該你的，你就會拿到，不該是你的，可能有更好的東西在等著。

人性老是在這兒掙扎太多，就像那個賊一樣，每天晚上高

高興興地去偷東西，即使什麼都沒有得到，他信任上帝，那還得看上帝的意思。

我在這兒經歷了許多臣服。特別是在靜心這件事，往往在很多發生之後，變得看起來什麼也沒發生，我便知道：

「如果上帝允許，明天就會發生。」

第二，一個人必須不顧一切恐懼地跳下去。

你就是會逃離恐懼，以為那水中倒影是真的，你無法知道它的真假，除非你擁抱你害怕的。擁抱你所害怕的吧！那個使你不舒服的正是你的老師。

第三，放棄知識，真正地體驗並瞭解。

每次腦海裡的陰影使你顫抖時，「可是有人告訴我」或「我可能會受傷」。放下吧！帶著知識與來自過去的偏見，你沒有直覺，也得不到神的訊息。

只要放輕鬆，跟著生命的引導，帶著好玩的心情，走向這自性開花的旅程吧！

（本文選自《從直覺到通靈》，2004 年出版）

冰島教堂的聖母與嬰

赤裸地站在存在前面

許多年前,我所認識的第一位奧修門徒帶來一片靜心 CD － Standing Naked《赤裸地站在存在前面》,優美的歌聲深深打動我和朋友們,百聽不厭。

這也是來自奧修的訊息之一:赤裸地站在存在前面,脫下防衛、保護,允許自己真誠地與存在會合。

每個你遇到的人事物都歸屬存在,它會觸碰你,使你不適,使你抱怨、沮喪,因此你想關閉自己別受傷,真的不要這樣!當我聽到學員談及他人能量令她不適,升起排斥,我知道她遇見了再自然不過的困難,她分開了人、我,下意識地覺得「我是好的,你不好。」這種想法對自己一點好處也沒有,這是妳因不舒服升起的保護之心。

「包容她吧!」借假修真吧,自我總是排他的、是尋求認同的,是矛盾煩惱的。

停在自我的喜好上,就是喜歡的便加強,不喜歡的便排斥,於是,你所排斥的加倍地回到自己身上,循環不止。

敏感是禮物,這份禮物必是跟隨著愛才能收到,「自我」的本質是封閉排他的,自我不懂平等,自我需要餵養,靠著增加自我感來餵養;感覺比別人優越,比別人靈性、敏感、有成就、美麗來餵養,自我之道走的是人性的險路,

從小至大，自我不斷汲取增加自我感的事物，壯大自我，但因為自我的本質與真我不同，不論再怎麼滿足還是受限。

自我喜歡追求癮頭，透過任何可以給予高峰經驗的事物得到過癮，不論是世俗或靈性的，是情感的或是權力的，只因為你發現了秘密的入口，這個入口可以帶你離開煩憂，你便會投資其上，上了癮，戒不了。

痛苦能增加自我感，成就能增加自我感，自我強厚後變成了繭牢，屢攻不破，深結的業力成了清醒的阻礙。所以說，修行趁早，要留意念頭，珍惜慧命。

一旦自我牢固，修行很難，也很難赤裸地與存在素面相見。看看那需要遮掩的是什麼？那是需要防護以為會受傷的地方，愈是防護愈是證明你的脆弱。

力量是由面對恐懼而來的。這不是傾軋別人以獲得利益的力量，內在的恐懼若能面對，它便會轉化為生命能量而非壓力，若不轉化就易感脆弱，需要防護。轉化便生力量，防衛便形脆弱。

這赤裸無飾的存在，便是天父本身，是恩典，是道本身，我們已經在祂裡面了，祂也已經在我們裡面了，認出這個好消息，認出來，唯修心與醒覺能使我們解惑除迷，這就是赤裸地站在存在面前的真義。所以，你又何須造作自我？自我是心的一個面相，它與真我一樣平等，它讓你體會限制，允許它呈現，但毋須加強它，如此而已。

你獨處，卻無限大 / 雲南大理

獨處的必要，明心的必要

直覺在獨處中滋長

你得到大片的時空得以抖落干擾，排開他人的想法，浮現出自己的靈光。

想清理直覺與思想攪亂的煩惱，第一個實際可行的對策就是─獨處。許多人告訴我：「我分不清楚直覺和慾望。」或「我分不清內心的聲音或慾望的聲音。」那就獨處吧，離開人群，一個人沈澱下來。

每個人都帶著自己的能量波動，當你進入了人群，你便會感受到不同的能量波動聚合起來，活躍在四週，你若想分辨這思想是他的或你的，只有分開來，將個人的歸還給個人，在思維之波逐漸抖落後，寧靜的直覺會漸漸被感知。

獨處的狀態決定直覺的滋長與否。若只是因封閉、害怕人群而獨處，獨處時會帶來憂鬱恐懼。只有健康的心靈能獨處，清清白白獨自存在，毋需沈溺嗜好來逃避孤單。

靜心能拓展意識，使思想拓展為意識，使小我擴大為合一的意識，這時，你獨處，卻無限大，你只是「在」，卻不是自我的存在，你變成了無限。

無限不在乎一或多，對無限來說，一或多都是一樣的。

一個能拾回直觀力的人，他必然會有些落單的經歷，他會愛上落單，愛上一個人的時候的觀察，人們太喜歡成群結伴了，成群結伴太嘈雜，女人們尤愛一群朋友相聚，當話題一起，就是情緒高亢忘我的片刻。我發現人們喜歡分心，用一些社交活動讓注意力保持在外面，而非自身。

我愛靜，喜愛靜下無人時，聆聽萬籟之聲和朋友捎給我的心電感應，如果你能對人群有所貢獻，那都會來自你獨處時得到的滋養。

覺醒，從現象與故事醒過來，即是真獨處

初始的獨處是著相的，是尋求一個人時從混亂回歸平靜，從能量振盪中，回歸安定，我們要用獨處來認識自己、安定自己，並平衡自己。

人心怕孤單，喜歡依賴同伴，成群結伴地生活與社交，其實更凸顯內心的孤寂。

因為人只要不工作自己，不懂觀心，就必是向外攀附虛名認可，永不停息。想要找認可的習性害怕獨處，也害怕群聚中不被認可，於是既攀緣又排他，滾來混去都因不認識習性自我是虛幻的而苦惱著。

對沉迷於網路的現代人，獨處可怕，手機成了摯友，現代人在學習交流與平衡上要更下功夫了！

一花一世界，一葉一如來

心安靜，便看的清、聽得懂

我們每個個體，就如大海洋裡的一滴水，從未離開大海，卻有個和大海分離的幻覺，會覺得不夠、覺得缺乏，因此一直在迷著。

迷於尋找，是透過對象物來尋找缺乏的那一塊，這是癡迷眾生的天性，是顛倒的、誤會的。

我們不敢靜下來會見著內心荒野，會見著內在陰影，若能開始和荒野共處，不再抗拒陰暗，就能逐漸記起來一些本自俱有的，記起來我已經在大海洋裡了。

這份遺忘自己在大海中、忘記自己在道中的迷是眾生（生命）的顛倒妄想執著，要借著直覺指引，循光回來，要開始由「為道日損」，透過損、鬆、參，來回歸。不再是由心智頭腦向外找，而是在當下停歇息，在當下虛妄的現象中脫離、退出、退回來，回到觀者的位置。覺察正在發生的一切、不是覺察對象。不去改變對象，只是靜觀，心安靜，便看的清，聽得懂，著急著要改善，就癡迷。其實，我們的生命並沒有一個離開當下會更好的實相，轉回來，回來看內心，看向這一直在的：觀者！

萬物都散發神性之光 / 文山草堂

奉獻給神的礼物

愛，是神給我們的禮物。我們對愛所做的，是我們給予神的禮物。存在是很大的整體，在這個整體中，每個人和山川海河、萬事萬物都是合一的；你在這個合一裡，我在這個合一裡，每個人都不是單獨的存在。所有神奇的治療都在這裡工作，一滴水屬於大海洋。

最近去參加德國家族排列大師海寧格的家族治療研習，在近千人的共處中靜心，我感覺「只有一個人」的在，其他人都消失，與我一起融入大海洋，「在」只有一個，只有「一」，沒有別人。

我看到海寧格的治療在穿越生死、謀殺、分離、痛楚……背後的更大整體上工作，這兒就是神所在之處，是神性運行的地方，每個表象上的傷痛、分隔、生和死都被神性的運行所包括，人們往往只注視到狹小的痛、執著，並未看見更大的整體。

透過更大的整體反觀，痛只是提醒你：調整偏差，放下執著。痛是我執，你執意要你期望的，拋棄你所排斥的，你注定得不到你執著的，直到你願意接受你失落的部分。

家是內心的象徵，任何在家族中被排除的人，會有其他的家人來代替他的痛；內心任何逃避的情緒，會呈現在外在事件，逼使你看見及接納。如果你怨恨、你排斥，你一定

失敗，得不到平安，直到你接納，承認愛，一切才有轉機。企圖想要分裂，注定失敗。

生命的目的是愛，愛會成功，恨會失敗。在愛中，人會平靜，不會佔有、自保，平靜的愛有分享，願所愛的人也得到幸福。我們來到地球為了愛，用各種工具、管道來呈現愛，並釋放不是愛的障礙。

怎樣檢查你是否在愛中呢？在愛中會平靜，不求回報。因為愛將自足於愛，在愛中，不覺匱乏，在愛中有喜悅散發。若你在愛中，卻擔憂疑懼，那並不是。

生命的召喚是呼喚我們回歸愛。透過向傷痛怨尤學習，透過跨越障礙，我們連結愛的美麗振動，進入天使的領域，聞到神性的芳香。然後，我們將我們為回歸愛所做的努力耕耘，獻到上主面前，把它奉獻給上主，告訴上主：「這是我發光的翅膀，我在地球找回它。」

愛是我們在地球上的發光翅膀，尋回它，你便能飛翔！

聖母腳邊

世界的答案在我們內心

這內心，即意識，無形無相，也稱空性。

心，生出了本性，幻化為心念、好壞對錯、欲望、評價、覺與迷都由心的本性所生發。

直覺是覺性的顯發，執著直覺所感，就是迷了，想從直覺、靈感得保證、得安全感，是個過程，有迷惑的過程。此過程，覺性之光尚弱，故對衝擊、矛盾生恐懼，對改變、失去生害怕抓取，此時，更應靜觀放開，看穿現象變化，使心安定。

苦是用來悟的，是用來向內轉，向內觀的，解答存於心中，返觀便會有直覺。直觀悟心時，便鬆脫喜悅與感激。

眾生將苦用來逃避，也無妨，逃避轉移能認識心、體會深苦、柔軟信念，根器佳者長養悲心願力，拓展心量。

眾生因覺性開發的少，便會誤會為「成為」、「要求好」，能帶來快樂，覺性少即恐懼多，將世界當真，開不了竅，那麼就如實如是地從體驗中先成長，只有親身體驗的才知滋味，全然經歷過了未竟之事，才能放鬆外求。

來打開寶藏吧！

靜心：我心安定，天清地寧

就是，看著事實的發生，

並且心懷感恩地看著。

因為我知道，眼前的現象會暫時出現，

隨後消失；它會流經過我，

讓我看見心的幻化、心的妙用，

我，觀看它們、允許它們，

讚歎正在發生的神奇，

這一刻，我的心和天地同頻，

我放下概念和見解，

我允許發生的事情洗滌我，

拉起覺知的天線，讓心念靜靜流淌，

覺知著每個美好的當下，放鬆在天地的懷抱裡。

我不再試圖改變，我讓好與不好

完成它們自己，釋放掉所有的緊張，

靜靜覺察空性曼妙的演出！

感知的天線

打開五蘊覺知
讓聖靈帶領
在天恩中
降落

眼前即是唯一 / 曼谷街景

唯一

每一天，每個片刻，每種感覺、心境或洞見都是唯一。

如果你與一個人只有相識相遇一天，是唯一，要珍惜。

如果你與一個人有好幾世都重逢，你每次的生命都有她，她每世的生命有你，來世你們還會遇到，這難得的因緣，也是唯一，要珍惜珍惜。

不論是一天或多世，都要珍惜唯一。

出國旅行走到似曾相似的地方，我以古老的靈魂之眼看山川水色，觀看眼前一瞬間的「唯一」。

能量閱讀練習裡，學生們和不同組員交換練習，看到的能量影像不同，每個人所看的都有價值，都是唯一。唯一的當下此刻，我和你透過紙頁交會，超越了時間空間，心靈遇見心靈，唯一。

生命像一本書，每一頁都不一樣，當你翻著自己的生命藍圖，看到了重複的章節，「小心了」，生命不可能重複，重複是生命的警訊，是否你在慣性中？如此，會傷害身體。

日日皆更新，每天起床我打掃拖地泡茶，每天都不一樣；重複是停滯了，是逃避的事再度提醒，若聽不見提醒，警訊會再度給你，你一直裝做聽不到，最後就會以一件大事來喚醒。

這大事或者是意外或者是大病一場，代價好大！

昨晚重看電影《美夢成真》，第二次再看，是唯一。看到完全不同的視野，天上人間、氣息相感，難怪我在人間如置身天堂，可以感知光殿裡的喜悅與寧靜，也能收到聖靈與天使的訊息。《美夢成真》傳達著「生命是我們的畫布」的訊息，意念一到，就有了，可以上天堂下地獄，天堂與地獄是心念的顯影，這是絕對真理，人在地球待久了記不起來，貪婪佔有，以為可以留住什麼。不對，你會在時間裡老死，只有在你開始以永恆之眼看生命，才能脫離虛假的束縛。

透過「永恆」的眼光看生命吧，生命之河存於永恆，不在線性時間裡。

在時間中找不到永恆，也解脫不了，在時間中你會受限於二元思想，「如何更有錢、更成功，讓後半輩子無憂。如何讓他更愛我、疼我。」這是陷入時間的囚牢了，就像《美夢成真》中，在地獄裡變成甲板的人頭，永遠在貪婪和哀號啊！

永恆之眼看出去的是「唯一」，這是一種領悟，一種體會，就像你是電影中克里斯，你在一切向度旅行，你觀看著，你是觀者，止於觀。

最後你把觀者與觀都放下，融合為一，唯一！

（本文選自《從直覺到通靈》，2004 年出版）

京都鴨川旁

心電感應，如露亦如電

他心通原是人本俱的狀態，無所不曉的神通力存在於我們的佛性裡。

沒有染污的心是無所不知的，能知曉當下發生的現象，映照於心。

沒有染污的心是悟者的心，清淨地反映當下，不跟隨念頭奔忙在過去未來。

眾生喜歡追隨腦海裡感應的電波，隨之起舞，感應是心的一種功能，會帶給人指引，製造樂趣，卻也是短暫的，如露亦如電，不要執迷。

年輕時會喜愛追求三糧，尤其對靈糧帶來的高峰經驗著迷，追求與尋覓只是生命的一段成長歷程，需帶來智慧，明白所有相的虛妄性，不論人用什麼魔法想駐留剎那，剎那只是剎那，心只能會見當下。

即使我天生有他心通，做為一介平凡眾生，我用盡十八般神通去助人，也只是了願了因緣，圓滿之後，他心通使我懂了人心，卸下願力，不斷地回到我無事自在的性光裡。

靈光恰似彩虹 / 日本合掌村

修復靈光

靈光（aura）是你的氛圍，你有責任照顧它，令它靈光閃耀！

外在旅程的探索若是欲望的、思想的、情緒的向度，內在旅程的探索便是意識層面的、知覺的、感受性的向度。也就是說若你停在「怎麼樣恢復靈光」的思想裡，你感知不到它，在你無法自由感知時，靈性的治療可以協助你修復與轉化。當你轉思想為意識，「意識可以『意識』」，便容易察覺了。

平常生活中向外的追逐會形成疲倦，疲倦是靈光受損的燈號，適時的停歇息，感受疲倦、耗損，與之同在，傾聽它？你需要做些什麼來創造身心的平衡？

靈光修復建基在平日的靜心、覺察上。平日就養成對自身情緒、情感、思想模式的覺知，每天都去察知：現在在哪裡？我現在如何？是平安，還是慌亂？

身心修復是恆常工作，只需對自己負責，不需對別人交代，放下面子問題，感知它，感知中沒有比較，你和現況在一起，每日每日地進行，向生命學習。

靈光受損是自然的現象，現代人靈光受損得厲害，將能量耗擲在現象界，在物欲和成就裡掏空自己，需要事件來敲

醒、來喚醒走回內心。若你已經開始走回內心，你會連結靈性空間，這個空間會以寧靜與光芒與你共享。治療師的身份使我格外留意這個平衡，總在歸於中心的狀態才給予個案，在最好的狀態與個案相會。

所以，不是那麼好的狀態是恢復期，因為疲累的身心需要注入能源，修復時以你的速度來進行。我會靜坐回歸空無，在靜坐中觀照身心。你若是位喜歡動態式靜心的人，可以接觸大自然、舞蹈，或做奧修的各種動態式靜心。

在疲倦釋放期，我只想靜止、歇息，如有時間限制，我會邀請大天使Michael（米契兒）來支持我的修復和轉化，穩定我的能量場。修復靈光就是在穩定能量場，如果睡覺能使你恢復，就睡覺，若睡不著，在靜坐中覺知是很好的方式，許多人會求諸自然療法、中藥、服用草藥來滋陽潤身，或用恩典靈氣的高頻振動來修復，修復期是停歇期，使人回到陰性的能量，被動地柔化自己、學習謙卑和等待。

其實，生命中各種階段都需要歷練，高峯谷底交織，順逆乃平常，走過經過，並學習放過，相信一切剛好，存在要我休息就休息，要我行動就行動，活出不抗爭的臨在。

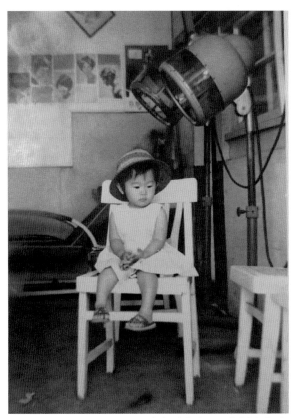

童年時的容器 / 攝於奶奶家

接受的容器

我收拾出國的行李，找出一塊錄音帶《mevlana love song》，一放出音樂，便跟著狂舞了。真的很開心。

這是一片由奧修社區所創作的帶子，散發著奧修圈特有的喜樂氛圍，彷彿你跳著舞，也看到奧修靜靜坐在那兒微笑。這是很有感染性的能量圈，奧修創造出一個能量圈，所有人帶著喜樂進入了天堂，即使只有幾個小時也是夠的，人們需要品嘗這樣的芬芳。

將這樣的喜樂帶入自己的生活，變成一項藝術，門徒得在自己的土地歷練。

十年前，我和奧修「重逢」，他提醒我認識存在性的芬芳，認識存在讓人熱淚盈眶的本質。這是奧修的法門。那時，我寫了《奧修靜心之旅》這本書，許多人被這書觸動來找我，因而認識許多熱愛奧修的朋友，人們感動的是奧修具接受性的談論，他的開闊和無邊無際，同時，人們和奧修的差距是存在的，那些差距是我持續在觀察的。

我觀察到：除非變成「容器」，很難掉入奧修的世界，最多是將他的書翻上幾頁，尋求映心的解釋罷了。

而變成接受性的容器是人所不願意的，人以為這樣會不舒服。在我看來，能成為接受的容器是靈修者的秘密，是古

老靈魂的痕跡，是接上往昔時光中你努力過的軌跡，你和存在不再隔閡，你的身體敞開來和存在共感、共振、共舞，存在的訊息流經你，沒有遺漏。

奧修給我的名字是「Mahita」，正是接受的容器，無邊無際的意思。因為邊際本來就不存在，界限存在於人的內在，存於限制的信念裡，是你的信念干擾你成為接受的容器。

界限的化解，唯有敞開，敞開會碰觸到傷口，支持性的深度治療就需要介入。所有完成自己的人都走過這一段，奧修也曾在他的往昔世裡將黑暗給喝盡，所以他說：

「黑暗時進入黑暗，光明來時進入光明。」這便是接受性。

接受性是女性的質地，不再是主控、干預的，是像地母一樣包容進來，吸收、穿過，是陰性的接納。

我是女人，也是母親和愛人，很能對接受性的演練熟悉，我會向祂學習很多，在地球母親的子宮裡熱淚盈眶，並且融解。

無限的經驗是邏輯的頭腦無法捕捉的，為了蛻變，你只得親身一試！

當你融解，神秘就顯現給你，請將祂一飲而盡，帶著祂回來。

（本文選自《從直覺到通靈》，2004 年出版）

大自然，知而不言 / 金澤兼六園

感知的天線

內在感官透過看見、聽見、聞到、感觸到、意識到等方式來接收訊息，它是你感知的天線，有的人擅長看見畫面，能遙視影像，得到訊息，有較少的人透過聞到、聽到接收訊息，感知是門，覺知感知靜默接收是慧。

感知對我來說，是全感官的，我能看見、聽或察覺到，「身體就是知道」，我的身體會得到訊息，直接進入狀況，直接進入對象物的頻率中——我，就是知道。

去商店買東西，就是知道東西品質如何，跟人說話，就是聽得到話語後的真心話。當你打開了天線，開始知道，仍要遵守遊戲的規則，不要去揭穿！

若你揭穿了，你會被反擊受傷，人們不會承認的，人們有權利保護自己的秘密。你毋須證明你的知道可以為你帶來利益，千萬別這樣沾沾自喜，會摔得很慘喔。

不是自大就是謙虛，請繼續對你所知道的保持謙虛吧！這樣，你會被保護。

請記得是「謙虛」而不是隱瞞，在通向超感官的旅程上，謙虛與真實同時需具備。

我的方式是「身體就是知道」，也就是全觸覺打開了，這當然是精彩的旅程，當你進到一戶人家知道這兒發生過什

麼，知道前來的個案身心狀態如何，當你搜索意識裡的資料，知道這位朋友現下狀況如何……這些都是直觀的感知，它是能力的恢復，是透過「回家」的路上撿拾回來的。

仍然強調要「遵守遊戲規則」，心照不宣。有時個案問我：「請告訴我，我的問題在哪裡？」我不能說，因為沒有用的，我說出來的也許是「洞見」，對方聽到的卻不是，形成她的煩惱負擔。我的努力在「幫助對方『看見』盲點」，用治療工具讓她放鬆、痊癒，她有機會看見自己的偏差是什麼，當事人如看不見，別人說的只像是教條而已。

請不要任由自己的「知道」成了其他生命體的負擔。不要介入他人，對別的生命保持尊重，提供支持和聆聽，等待她回心轉意時，給予全然的協助，其他，就順其自然吧！

當你開始感知，開始知道，你要同時進入不知道，對生命仍懷著一份驚奇。

通靈個案給予接受者的禮物之一就是「驚奇」，問題被以新的觀點說出了，哇，問題不見了，只剩下喜悅和感動。

這也是我鼓勵你朝向直覺發展的用意。現代人太需要跳開執著的觀點了，太需要用更大的視野看待生命了，因為執著觀點，人們憂鬱，在媒體上吵架，互相攻擊。當你的朋友陷入執著時，需要你在一旁以直覺的觀點帶他看見處境，對現況莞爾一笑，繼續向前進行。

這個社會需要更高觀點——充滿光和愛的觀點，而非互相攻訐、殘殺：一種頭腦換到一種頭腦，糾纏不清，像在集體自殺。

迎向直覺即是迎向無私的心智，能隨時支持身旁偶而昏睡的朋友，他不見得要聽，你卻可以無為地傳達，把訊息說出來。

和這感知的天線聯繫吧，透過它對宇宙大我調頻，調到你要連結的波頻，接收那裡的聲波和頻率，真實地轉譯出來！

天使的訊息無所不在

看見徵兆

古人作《易》，便是仰觀天地，俯視萬物所創造的。

天地間，無一不是徵兆，無一不能是徵兆。

看徵兆（SIGN）是巫師收集訊息的方法，存在總是跟你同步顯跡，你需要什麼，存在用徵兆顯現給你知道，你知道了，心不能動，保持靜默。

它提供給治療者資訊來為個案工作，徵兆是能量狀況的指標，是無意識心靈的閃光，當下看懂就懂，否則就算了。

過往，在個案初次來到時，我也會以徵兆做為參考，隨著工作的成熟，我的注視不必依靠徵兆了；看徵兆也有誤判，會因個人的恐懼投射為警訊，那就是學習過程必經的了。

說一個正向易懂的徵兆：今夏我在馬來西亞開工作坊時，學員在第二天進入了一股氣息，可以說是寧靜之流；我想要明白這股能量將學員帶到哪裡了，我還能做什麼？就向聖靈請問。

之後，在練習第一次治療個案的過程，炎夏起了變化，窗外忽下了藍色的清雨，把天空洗刷得靈氣逼人，身體也隨之沁涼，意識隨之轉換；練習中的學員經歷了深度的休息、止靜與切換，是他們靈性旅程裡一個蛻變。一時，天色充滿恩典的氛圍，超乎尋常的靜寂。這徵兆是學員內心的轉

變，學員由熱惱經過洗滌，進入靈氣裡。

請聽聽我使用的語言，它既是外在的，也是內心的。這個徵兆是雨，雨的洗滌與滋潤，洗淨的過程是內化的，我向聖靈請問，祂就說給我聽，這樣的靈啟在光的工作者身上常發生。

住在澳洲的陽光城市布里斯本時，每天都享受著藍天白雲的多變徵兆。

布里斯本是個非常舒適的年輕城市，我所停留的南邊Avenue社區像是天堂。我在這裡帶領兩個階段的靈氣蛻變團體，晚上帶團體，白天便是寧靜無塵的時光，靜坐時很容易划入意識的轉化，有時我在花園草坪和白雲話家常，或是散步時看見祂變化多端的徵兆，一切，進入了意識，流入身體；在這裡天最大，人很小，每日出門都向藍天行最敬禮，純藍高闊的天空被濃郁的白雲佔據，在這兒的雲不是朵朵，而是宇宙萬象的顯影，我敞開來聆聽祂的叮嚀，沒有約束、完全地交流。

請讓徵兆成為生活的觀察，不論你在哪裡，徵兆都是存在與你連線的方式！

（本文選自《從直覺到通靈》，2004年出版）

珠海恩典靈氣課

直覺洞見 與治療

有的學生在接受靈氣課之後，生起光明喜悅，也想從事治療工作，而他們不免性急，在萬事起頭難的時候。

常有人問我，成為一個治療師要多久的時間？

「要永恆的時間。」我在心裡說，任何事要成氣候都需要成熟期，地球是以三度空間的形式存在，時間是地球次元的要素，由時間來醞釀成熟是需要的，特別是以深度協助人們回歸身心平衡的治療者來說，他需要明白一件事：

不要以治療別人來思考，以完成自己來思考。如果你以治療別人來思考，會進入一個糾葛的陷阱，吸引糾葛的事物來到。

千萬別將治療工作視為事業，是要等待人們上門的事業，這樣將會錯過，而是視為所有前來叩你門的人為你的神聖兄弟，他有東西要教你，你透過他的生命故事，透過他的幻象來看得更深；每一次我在協助個案時，我看得更多、更完整，我從他的處境去看他的信念、他的信念如何創造？同時我向內檢視，透過他，存在要給我的訊息是什麼？讀取意識精微的訊息，並為對方找到直接的解決之道。

療癒的發生關鍵是道的運作，當我為他啟動療程，治療就在「道」的領域運作！

治療師的「看」是珍貴的資產。而這「看」的能力無法外學，我會在訓練課中啟發學生去「看」，看的能力有關與靈魂連結的深淺，你必須要在靜心觀照上下工夫。

如果只有直覺，卻缺乏觀照的意識，直覺的力量相當薄弱，直覺也被無明推動而變得慌亂，直覺是不經思考的洞見，若不觀照，直覺只有一秒，在一秒之後就是頭腦來混淆直覺。只有觀照的意識能改變頭腦的混亂狀態，使頭腦思想邏輯轉為直觀洞見。如果想成為治療師，真正要下的工夫就在這裡。

然而人們才不肯觀照，只想讓思想奔馳卻不觀照，直到煎熬來襲，才稍稍願意警醒。這種人格的惰性讓人沒有本領為神聖工作，無法成為一個光的工作者。治療師是光的工作者，是傳遞恩典的人。他要比昏睡的能量清醒很多，要清醒地活著。

放下要幫助別人的思考吧，先幫幫自己，你才是最需要的人，你身邊的人不過是內在鑽石面的顯影，治療自己的人就有養分療癒別人。所以怎可能將治療視為事業，它是神眷顧的工作，是神在啟動療程，是神在工作，不是人在作為。

「不要努力」不是不做，是別把小我的意志執著放得那麼大，小我的執著干擾神性的工作，小我想要處理現象，看不到更大的畫面，困難便層出不窮，直到你明白才會消融。

（本文選自《從直覺到通靈》，2004 年出版）

靜蓉的神聖空間

恩典恰恰好

一個人從來不會得到比他所應得的更少。

這是存在的法則。

永遠不要試圖取得任何免費的東西，

我們必需準備付出代價，

事實上，我們越準備好付出代價，就變得更值得去獲取。

——奧修

這段話是靈性態度的精粹。每個人都會得到他該有的東西，當他開始輕探源頭，開始探索內在資糧，開始發光，他就知道存在有恩典。

恩典允許你以各種方式汲飲，有人用舞蹈表達狂喜，有人只是靜靜地享受，有的人想分享出去，分享那個叫做神秘的芬芳。

我喝到了恩典，喝到了神秘。

我被無限大能所環繞，祂大於我很多很多，經常將我淹沒，有很多時候，我不知道怎麼辦？

我將神愛分送給治療個案、孩子、愛人和朋友，但仍然剩下很多在我身心，溢滿我的眼耳鼻，我有好多光能，無限

的光能不斷注入身心，我透過靈氣點化將祂傳遞出去，然而仍有好多，我常坐著感知到這光能的無為無限，剩下的只是我的選擇。當「我」得到無限大能，要為存在做什麼呢？存在早已具足一切，「我」能做什麼來回饋讚美和感激？有好幾年，我把這最重要的秘密鎖在心裡，我狂喜、歡唱、同步感知，我的身體總是知道，存在給了我應得的東西。

轉化持續在發生，轉化與整合的過程常是強烈甚至是驚悚的，誰叫我們就住在二元對立的世界呢，徐志摩說：「要得大幸福，就得向痛苦裡嘗去！」痛苦能轉化為瞭解和力量，清除昏睡的意識，這過程，存在使用的正是愛的鍊金術！

持續地轉化修正後，便會進入整合，你將允許神性的光能向你進駐，神性光能的注入是持續進行的，需要身心靈的配合來消化光和愛。當我接受了靈氣師父完成訓練後，我發現自己已成為傳訊的管道了，「總是知道」，我用了幾年的時間來等待最佳的發生。有一天，時間到了，我向指導靈及大天使承諾。「光之傳訊」的治療工作便開始了。

讓你準備自己以達到祂。提高你的頻率，向祂靠近。

一切都是恰恰好，沒有意外。

如果你渴望傳訊卻感知不到，那是恰恰好，讓你在意識上多做準備吧，在自身多下功夫吧！要付出代價！

許多人在我的傳訊個案中要求能連結指導靈，這絕對是可以的。他能被告知：做什麼準備會有可能。有時，人們沒有準備卻要求，顯得他所要的獲得太過廉價。靈性的恩典絕不廉價。奧修說：「沒有什麼東西可以免費獲得，我們常常會在事情發生之後，覺得那個免費的禮物是多麼昂貴！」如果你對內在的耕耘很少，你就只能得到很少，你無法購買或「要到」，「祂」不是廉價的。

沒有靜心的即溶咖啡，沒有忙人速成靜心法，速成的東西你不會珍惜，因為那不是你切身體嚐的智慧。若未曾付出代價就要得到，那是危險的，你不僅不會得到，反而將失去什麼。

一個人要先準備好才能得到。

讓你向上提升，從最基本的問題開始面對，尋求治療，治療帶來轉化，轉化為輕盈的振動頻率。

通靈是一個人向上清醒、轉化為輕盈光體的禮物之一，是一個人向神性靠近過程的禮物，你開始能和花草樹木溝通，開始能感知非肉體的存在，像是精靈、天使和指導靈。這些存在體原本就在，當你開始超越有限的次元，劃入不同次元，你會發現，「你們原來都在！」

是的，真相是祂們一直在，也歡迎人們的靠近，只是人們尚未準備好。

靈魂有向光性，當他向上螺旋式地進化，就會探知到更多存在體，這些不再有肉身的存在體會透由你的大我、思想、影像、內在引導傳訊給你，這也是聆聽直覺的用意。

宇宙存有豐富如汪洋大海，人卻以人格心識來詮釋祂，多半帶著恐懼和批判來詮釋自己所不知的世界。對於你不知道的時空，就只是不知道，切勿將批判帶入，讓你更形掙扎、困難。

人們渴望通靈，尤其是來自高層面的指導靈、光之靈。我承諾為光之靈來傳訊，他們是已完成地球因果循環的存在體，我看見個案在傳訊中成長很快，能很快地在問題中溶解，繼續向前成長。

生命該流動，不該停滯，不要卡在問題裡，遇到難題了，就臣服於它，若掙脫不出就請求更高層面的協助。更高層面的存在體將透過我這管道，將解謎的智慧說出，彌足珍貴啊！

（本文選自《從直覺到通靈》，2004 年出版）

——將本文送給在此階段探索的朋友，請向內在走得更深更深，永遠不要停下來，你為每個美好的果實停下時，就後退了。

訊息是愛的使者 / 日本金澤

比直覺還要直覺

通靈狀態是一種發生，它發生了，你知道在你身上有了。你就是知道，不經思考的就是知道。對於這「知道」你要不要傳達？怎麼傳達？傳達後帶出的效應和衝擊，你的面對？這就是一個通靈者的學習了。

我涉及的是聖靈的指引，成為空的管道（channel）來傳達，而非靈媒（Medium）來傳訊。這是平等的兩種狀態，但在台灣的社會氣候裡被區分了，台灣人對依賴外力的渴求大於意識成長太多了。

每個人都歡喜和指導靈相會，即使一個人的焦點一直迷失在外，仍然可以因為這相會，被能量、話語所提振。一直將焦點鎖在外在幾乎不可能，那意味著對內在的逃避。生命體總是由內往外散發，所有的外在失衡顯示了內在失衡。

通靈是比直覺還要直覺的狀態。這個能力雖可以被訓練培養，基本的條件配備依然需要，像是：

「敏感；本來就很有直覺；接受性；喜愛獨處；理性質疑的作用小於直覺感受，敞開的心；單純和天真……。」

直覺與通靈訊息的獲取與「直接」有關，內在有部直通電梯可上溯訊息，獲取訊息並接納訊息，你若質疑心強就失敗了。

信任是重要的品質。與存在連繫要信任，信任未知常是智慧的作用；開始時，你信任，又懷疑，那就叫懷疑，漸漸地，你明瞭磁性吸引律，信任吧，將吸引令你欣喜之事。

質疑是分裂人格行使的把戲，有多少質疑，就有多少陰影。信任並且警覺，你信任卻不鬆散，覺知依然還在；覺知也是通靈的必備品質，覺知是「覺察與感知」，知道現在怎麼了，能量如何變化移動了，訊息是什麼！

禁錮封閉的心拒絕接受訊息，怎麼把禁錮的心打開呢？存在自有辦法，常常在心碎之後，一個人劃開了界限，敞開了心胸。敞開的心輪是通靈者必備，人人心中多少有傷痛，許多人關閉了心輪卻自以為已經打開，在這裡需要耐心以對並尋求協助。只要在某個片刻能心心相連，你的心就能接通祂的心，傳達好消息，愛的消息。

我的指導靈以注入光能的方式和我連繫，祂下降到達我，我上升到達祂，我們在光中相會。我用許多年等待自己「I do」的允諾，這允諾像是愛的獻身，我承諾為光的工作者，為光通靈——誕生進入光。分不清是存在是我。這幾年，我的能量中心密集被工作著。當通靈連結，心輪以上開始作用，巨大的創痛將心打開了、治療了；每個移動都影響喉輪，喉輪的進行不在喉嚨內，在內在藍藍的天空。

身體的電磁場不斷在擴大，自成為靈氣師父便開始通電，數不清有關身體電能的事件發生在生活中，每件事進行得

很快又很慢，我的記憶被洗掉很多，難以追憶過往；當自我不再實存，它所黏附的將散開。

有人會問：「那妳怎麼生活呢？」我得到很多空間、空無、輕盈，尤其是活在當下的智慧。過去，便變得很渺小了。

我的道路是「愛」。神邀請我透過愛進入無限，哪知愛的泉水如斯豐沛，不可抑止，洗刷了很多陰暗執著、昏睡的能量，我跟著水泉一起向前流，越流越豐沛，沿路星星月亮作伴，天使、大天使、指導靈也做開光殿歡迎我歸來。他們邀請我加入，我欣然允諾！

大音希聲。老子早就明白。

這一路的豐沛泉聲，我所傳遞的只是大音希聲。

無法告訴你「怎麼通靈」，那是行不通的，但跟著我來，有一條美麗的路可走。

你總會得到你想要的東西。

廣州石室聖心教堂

轉譯神秘的水聲

當你掉入靜心，瞥見存在的風味，有越來越多的空間和寧靜相會，只要靜靜坐著就滿足，當越來越多的寧靜湧向你，在感知喜悅的同時，你想：能為存在做些什麼，以回報祂的芬芳呢？

我用很多方式探索我感恩的表達，從最直接的治療，分享存在性的碰觸給親友，有時，我想，我該對著存在歌唱吧，對著神秘的源頭奉獻祈禱，像女神拉比亞一樣對著存在狂舞。

有什麼事是有生之年我能做，透過這事的進行令更多生命解苦、在愛裡溶解，與我一同啜飲神性的芬芳呢？

是的，光之傳訊，透由我為管道將神秘的水聲轉譯出來！

「光之傳訊」也可以理解為「轉譯神秘的水聲」，它是一項藝術性的工作，因為我所轉譯的是光波，是神聖的能量，我將祂轉為文字訊息和治療能量給個案。

怎麼轉譯光波呢？哎，這就是奧秘所在了。在個案中我每每稱奇，「真是奇異的恩典啊」，我傳達而我並不在，是聖靈在，祂注入我，和我合作無間。

想知道轉譯光波嗎？那麼，可以從音樂來體會。你聽音樂，會進入它的旋律、情感並穿越它到更大的空間是嗎？光波

便像音樂，無聲之聲的傳遞，神美極了。

首先在自己身上下功夫，當你逐漸消融，你的界線越來越少，那神秘的能量就能融入你，你的意識開始開花，成為「空的管道」。

身為治療師，對能量格外敏感，也使我能扮演正確的管道。許多高靈都願意協助光的工作者的治療工作，在高靈無言的傳遞中，我卻能聆聽祂無聲之聲，而且來得很自然，其實只是本性的散發。

若你想培養這樣的能力，只能從生活中開始，在尋常生活中學習覺知，對自己真實，盡可能多獨處，經常聆聽存在無言的教導，每一天，在每件遭遇裡，存在都在教導你，你聽到、看到了嗎？

觀照是傳訊的基礎，帶你脫離我執的迷茫，進入流動的循環，練習放下、體嚐寧靜，無為生活，絕對能促成超感官意識的開展。

璀璨的真空妙有，是心的映照

不可言說的 內在風光

曾經，因為做一位能量工作者，我大量探索著幻化的能量現象。由心所幻化的現象在生活中帶入無數故事，訓練我有解決問題及治療的能力，不過我的心不願意止於此，我渴望真正出離一切迷惑顛倒。

內在指引，直覺心帶我進行這一切：在顛倒的二元世間看懂遊戲，成了觀察者後，知道顛倒世界誘惑著人們，於是再選編《從直覺到通靈》等文章來分享。

內在旅程風光瑰麗，初行者迷上瑰麗，迷上內在感官帶來的樂受，追著抓著。越是追抓，停留越久，成了我執和身份認同。更深入地說，內外感官的看見，除了協助解惑，帶來流動，一點意義也沒有。

生命的靈視期很長，它是心的一種妙用，一種幻化，嚐鮮罷了，沒有永恆的保證，時刻在變，並且是苦的、迷的。

我已走過高敏感的靈視期，知道的更多，也無知的更多。

京都寺院一角

歸於中心來讀取

說說能量閱讀。

在直覺治療工作坊中，發現有的學員陷入靈視的執取中。透過學習靈氣，直覺增長了，透過直覺開發，靈視的能力恢復了，她開始可以看見影像並讀取它。

那是多美的經驗啊，我歡喜學員分享她們的發現，但是別執著，影像只屬於當下，只是超感官看見的一種方式，還有很多很多了解的方式。

「你是經驗者，你不是那個經驗。」你去遊覽美景勝地，讚嘆外在景致之優美，但你不是它，你是觀看的主體。執取升起的時候，就是需要覺知的時候。若是執著靈性能力，只會殺了自己，你一執取，它便變質了。

要歸於中心來讀取，歸於中心便有愛，愛中沒有執著，看見影像只是增加解說的方便。我的指導靈 Vyamns 十分擅用譬喻。當譬喻一出便有影像，我開心地轉譯，不執取。

歸於中心和覺知是第一步。否則一切徒勞無功。

為何這樣說？若你不覺知，便會混亂，所謂走火入魔，奧修說：「邪靈是無意識的存在，它們沒有第一體，第一體是走向覺知的第一步。」根基最重要，在身體（第一體）就覺知，在生活中覺知，別好高騖遠，基礎不好，一切徒勞。

美好的神性在呼喚，呼喚你朝向祂。你品嚐到那醉人的芬芳，只要一有執著，芬芳就變成酸楚。不，事實上，芬芳仍是芬芳，是執著產生酸楚，執著使一切不對勁了。

有個很美的故事來表達和自我的關連，是屬於佛陀大弟子滿朱斯里的故事。

滿朱斯里坐在一棵樹下靜心，突然間他覺知到花朵從樹上掉下來，很多花灑下，他想：現在並不是花季，樹上一朵花也沒有，那麼，這滿地灑落的花朵來自哪裡？

他抬頭看樹，花朵並非來自樹木，它來自天空，因此，滿朱斯里問：「這是誰在做的，到底發生了什麼？」

然後，他聽到一個聲音說：「我們是神，我們很高興你已經達成了，為了表達我們的快樂，我們將這些花朵灑落下來。」

滿朱斯里說：「我達成了什麼，我什麼都沒有達成，相反地，我失去了我自己。就在今天下午，我已經死了。」

那個聲音說：「我們在慶祝你的死亡，因為你的死是一個新生命的誕生，滿朱斯里你已經死了，但是你首度被生出來。」

有更多更多的花朵灑落下來，有人向佛陀報告：「某件事發生了，滿朱斯里坐在那裡，而花朵一直在灑落。」

佛陀說：「第一次，滿朱斯里不在那裡，所以花朵才會灑落；直到現在，滿朱斯里有在那裡；就在今天，他消失了，他已經達到沒有自己的狀態，那就是花朵會灑落的原因。」

花朵代表恩典，當你消失的時候，整個存在都會為你慶祝，你會看見很多很多，許多的領悟會流經你。

若你在那裡，帶著自我在那裡，你就好像一個傷口，一道存在的ＯＫ繃，整個存在都跟著你受苦。

恩典的花朵一直灑落在我們身上，如果執著它就黏附了花朵，美麗的花朵消失，你什麼也看不到，感覺不到。

當然我也知道，執著是人類必經過程，你經驗過執著、失衡，你就會有能力看見執著的傷害性；執著削弱你的潛能，執著是很好的老師來讓我們看見覺知的可貴！

我在大里洱海

進入意識的海洋

萬物的情況也是一樣。樹木是一個波浪，石頭也是一個波浪，同樣的海洋隱藏在石頭、樹木和人的背後。

海洋可以沒有波浪而存在，但是波浪不能夠沒有海洋而存在。

波浪不可能存在，只有海洋能存在。海洋可以不需要波浪而保持寧靜，波浪只是偶發的，是受了風的影響才存在的……。

——奧修

意識的狀態就像海洋，無垠無盡。

而海洋上的波浪不斷在興起和消失，它的存在來自風，來自船的移動，來自外在。好好地參一參這項大自然的奧秘，海洋是無限的神性，看穿波浪、看穿瑣碎的來來去去，去連結海洋，而非連結波浪。

當你和人們接觸也是一樣，何須停留在生生滅滅的外圍，有很多的煩惱和情緒在那裡，你解讀它，它就是波浪，總在變化，你只能透過神性的連結來解讀、治療別人，連繫了神性，何來的煩惱痛楚，放下吧！

如果你因為幫助別人，為人解讀而感覺不舒服，把你與他分開來看，別攪和在一起，攪在一起只是你的黏附與愚蠢，難道你想經由他帶給你煩惱，來證明你的優越嗎？不要批

判對方，你所批判的，必然會歸還到你身上，讓你體嚐。

人們喜歡和人們攪和在一起，他們不喜歡單獨，不想落單。當落單時，無法比較出自我感、價值感，這是人的機械性，人昏睡的地方；若不和人攪和在一起，日子實在太單調，一下便被迫面對自己，令人害怕！

當你和人在一起，可以試試這樣的靜心，坐著，互相注視不要思考，試著穿透對方的眼睛，很快地，你將覺知那波浪被越過了。哇，海洋對你敞開了。

你將覺得這個人消失了，它攜帶的波浪消失了，你進入了海洋。深入地看，當你深入，你將覺知你的自我也是一個波浪，在自我之後，隱藏著海洋，那無限的合一。在自我死亡後，那個不死的在流動。天空和雲朵的奧秘也在說這個：雲朵就像波浪，來來去去，天空可以沒有雲朵而存在，那麼湛藍寧靜地存在著。

人為自己創造出來的麻煩便是：執著於雲朵忘記天空，執著於波浪忽略了海洋，葛齊夫稱此為「人的機械性」，只是和瑣碎無用的自我認同，在煩惱的攪拌器裡掙脫不開！

我連繫海洋，接收海洋的能源，隨著波紋的移動轉譯出來，進入了合一再流動，是喜悅！

就像你墜入愛河，透過一個人，你愛存在，這個人的現象是波浪，存在是海洋。不久，你開始執著波浪，在意情人

說的每句話的好壞對錯，愛你或不愛你，於是，受苦就開始了。

受苦的方式就是「執著波浪，忘記海洋」吧！

（本文選自《從直覺到通靈》，2004 年出版）

義大利佛羅倫斯街景

靈魂愛的歌聲

嚮往愛是純潔的，歷經愛是成熟的。

親愛的和音：

純潔的狀態是美的，卻難免有未經歷的遺憾，去經歷是驚濤駭浪的，也會在路途疲累，走過樸樸風塵後，有可能脫胎換骨。

最近剛看張愛玲電視傳記《她從海上來》，喜歡看劉若英怎麼演她，劇組怎麼費心呈現我所不知的張愛玲的故事，看他們如何將文學的語言放到當代的戲碼表達中，看演員怎麼傳達這樣受矚目的人物。要學張愛玲說話，恐怕連呼吸都要改變，要冷一點，漠不關心一點。

作家的愛是熱的，儘管筆下是冷眼旁觀的，期望是熱的，我很早就知道這樣不是辦法，便改行當治療師，把內心的冷熱好好療一療。文風有冷熱，氣質有冷熱，生命的本質則超越這些，只是光。

胡蘭成從作品中驚見張愛玲，這是靈魂和靈魂的靠近，他識她，她也識他，真正的看見成了愛的萌芽處，成了關係的神聖開展源頭，其後必然有密集的高低起伏來豐富愛的體驗。這若是靈魂的允諾將是很稀有的，很久才有發生，是在光陰中共老了，才互相靠近了。

兩個靈魂在身心靈發生許多交流，這交流裡有意識的交換和訊息的連結，為的是把訊息擴大出去，隨著微風吹向宇宙海洋。

這訊息是光，是祝福，得分施出去給其他心靈。什麼是靈魂的愛？是把光帶到愛中，帶到每件運作的事物中；靈魂愛不獨占、不私有，靈魂愛是兩顆心靈看出彼此原是一體的，並為此而歡欣不已！是能在每件事、和每個人接觸都能看見一體性。

「是每個人都有神性的伴侶；當彼此相遇，彼此的中心都會協調的運作」；葛齊夫和奧修的見解是成熟的見解，他們不會去追求，他們已經完整；一般人會，聖人不會；俗常人會，俗常人得到東西都有目的的，所以就挫敗了！

我們與他人本來就不是分開的存在體，你被鼓勵以愛的方式體驗這個，也被鼓勵以陰影的進入體驗這個，兩者都是神聖的，每個靠近你的人都是你的神聖兄弟，妳若對他揀擇，看有沒有愛上他再決定自己的愛，那就會受苦。

愛不是功能性的，落入功能性使人迷惑，那已非愛。愛在我們心中，若愛一個人就是愛，即便外在變化，你與對方斷了音訊，往內檢視，愛仍在。愛不會因時空的距離而減弱，愛就在我們內在，你只是跟隨外在因緣來移動。

有對象時和對象分享，沒有對象時，和自己分享。然而不可能沒對象，愛那麼多，還能分享給花、給鳥兒，給樹木、

給白雲風聲，若能領悟到「愛無需對象」，就有自由發生。

困難的是人們很難來到此境，人們多未在愛裡成熟，又沒有勇氣，只一昧想著有人來愛自己，便困難了。

開始時要有對象，這對象是一扇門，入門之後就是修道的旅程，由愛走向靜心是一條路，由靜心走向愛是另一條路，兩條路都能抵達高峰。由愛進入的人需靜心觀照，幫她回歸意識，別貪求被愛而迷失自己；由靜心進入的人會是失敗的愛人，在他重新品嘗平安時，總願將這平安化為愛再度分施出去！

忘了自己就是愛的化身

人在寧靜中一無所求，寧靜是合一之境，寧靜是不被打擾的，如你的寧靜被打擾了，就有個機會看看那是什麼，不要將外在的嚮往當做依歸，不要受到形式的牽引，看見別人有的就羨慕。永遠是以自我觀照為依歸，在妳的來信中，我看到那永不熄滅的愛的想望，你並不缺乏愛，被愛得不夠是個幻覺，因為與內在的本性失去連結了，忘記自己是那麼神聖光明的存在。

這才是真正的問題，忘記自己就是愛的化身，我就是愛，我已具足，我所遇見的人事物在彰顯我的豐富。

我看到許多人想被愛，想得好苦，把前路都給想絕了，錯了，你就是愛的散發，有對象也好，沒也好，好好整合自

己吧。

那份渴望被愛的是意識的陰影，由於面對自己太難，愛情看似一件最美的分心，彷彿有人愛了，就有了價值肯定，這是浪漫愛的毒素。不是的，靈魂伴侶的結合裡有許多驚濤駭浪的清理和治療，如果這對愛人的靈魂夠古老，他們會安排許多的挑戰或限制，來進行快速的清理和成長，以便完成最整合的愛。這是老靈魂的遊戲，由於不斷返回地球學習，老靈魂的重心已在內外的整合，在徹底的整治，外在的佔有已是過去世品嘗夠的，他們不那樣看重，他們看重的是對光明本性的深度連繫，永不遺失！

連結光明本性用靈魂愛來進入是必要的，透過愛人你進入自己，看見自己各種面相，看到每個糾葛和需要背後的根源是什麼？不斷地清理陰暗，不斷記起自己是光明的宇宙通道，是上主的傳遞工具，愛和光經由你傳遞，你的生命職責便是傳遞，讓豐沛的宇宙動能和妳同行。

（本文選自《從直覺到通靈》，2004 年出版）

托斯卡尼的静心清晨

靜心：處在此時此刻

您還在尋找什麼？其實就是在找這個當下，找靜默的此刻。

靜默，來自我們同意認出每個恰恰好的當下，現在就放鬆身體，坐好，觀察並放鬆身體的緊張，觀察內在正在發生的，再輕輕做下面的引導冥想：

我只要同意某人，對方就會平靜下來；

而我只要同意一個狀況，它也會因此平靜下來。

這麼一來，所有該完成的行動都不會遇到任何阻礙。

內在旅途上，我會遇見那些我尚未同意的事物，譬如當下的傷痛、難以忘懷的失落，或是懸而未決的課題。

卡在這條路上的還有什麼？還有時間，我所需的時間。然而只要承認自己仍然需要更多的時間，我也就能夠平靜下來，並得以繼續接下來的旅程。

傷痛也是如此。同意傷痛怎麼一回事呢？這表示我對傷痛不願釋懷嗎？正好相反。我接受它，並允許它和自己一同歸於平靜。我轉而面對傷痛，讓它引導我走向自己的療癒之路。

也許，這傷痛是指引我們，帶我們回到某個看似已經消逝的情境，譬如失去某個人；也或許，它要帶我們回到某個

等待被承認、或需要被解決的過去。我和這個傷痛共處，全然如實。也就是說：這樣的傷痛會展現出一股沉定在我的內在。

讀完指引，再回到心，掃描全身，讓它們都放鬆，哪個部位還有緊張，允許它，持續地鬆開來。身體放鬆並處在當下，能覺察，能認出來一切剛剛好。

認出來一切剛剛好，願意同意，放走掙扎衝突，它們只會削弱能量，放走放過，回到放鬆到當下。

活在 靜默中

靜中，一切俱足
感天恩浩瀚，生命殊勝
愛一直都在

曼谷金湯普森博物館花園

活在心靈靜默的地方

你的眼睛一直注視到很遠的未來，因此它們無法轉向內在。

你時時刻刻都在想要做什麼，要怎麼做，要變成什麼樣。

你的語言常有「應該」或「需要」，實際上，真實就是只是存在，
沒有應該或是需要。

——奧修

回到放鬆的原點

現代人被「應該變成什麼」逼得快瘋了。許多人都忘了「只
是自己」的生命藝術，盡透過不斷苛求、譴責自己，並把
這些自我批評稱為「要求完美」。

焦慮的頭腦想完美，心則只要寧靜與放鬆，現在就很好，
「真實就是只是存在，沒有應該或是需要」，人們卻不願
意只是存在，總想變得更有錢、有權、有靈性、更健康，
想要變成這樣、變成那樣。可是，你們看看玫瑰花，它就
是一朵玫瑰花，而蓮花就是一朵蓮花，玫瑰花從不會想要
變成一朵蓮花，蓮花也從不要變成玫瑰花，所以他們不會
變成神經兮兮，要看心理醫師，玫瑰因為活在它的真實裡
而很健康。

除了人之外，世上的事物都真實地存在，只有人會有「理

想」和「應該」。整個社會、文化、歷史都讚歎「理想」，讚歎理想崇高的人，欽慕玉潔冰清之士，卻未看見這些「理想」把人從內在分割出去，和自身的「存在」產生對立、產生敵對。

不僅入世之人想要「做別人」、模仿別人，變得更有價值，出世的求道者亦是。比如說：許多學佛人不都是想要像弘一大師或印光大師或是虛雲老和尚嗎？其實，典範不是用來「向外學習」的，典範就是他自己，獨一無二的自己，他能啟發你自身的獨一無二！

向外憧憬、向外學習是「迷思」，會使你忽略自己的真實價值，反過來，當我們能深深了解「我只能做我自己」，「我只能做現在的我，沒有辦法做其他的」，則所有的「理想」都會消失，當理想消失，分裂和瘋狂也消失了，真相就會出現在眼前，你就會活在當下。

所有的治療、靜心的功能，就是讓人們回到他自己，回到放鬆的原點。說來容易，也許會花二、三十年的功夫來體會處在每刻和每刻，體會我總是：

「接受並愛我現在的樣子。」

持續地臣服於臨在

每個生命現今的因緣都來自過去世、來自宿昔。

每一世我們扮演的角色都迥異，角色能帶來際遇，際遇會帶來醒悟的契機。人們常把際遇當自己，把歷練當自己，並把揮之不去的匱乏感當自己，於是，終生迷在補洞、迷在獲得，以致空虛感揮之不去。

認知生命的方式需由思考轉為感覺，由感覺轉為直觀，由直觀加上臨在，成為覺察，這些轉變需要讀經典、禪修、靜心、療癒　周而復始的陶冶，也需要融入天父大能的引領，靠近天父，傾聽和祈禱。祈禱是啟動自己的意願，將渴望交給天父、臣服在道中，是放掉小我的控制欲，知道向大我借力。因為我們這具身體是部機器，受制於地心引力和集體意識，持續在昏睡著，需以「工作自己」來穿越種種天生的侷限，特別在 2020 ～ 2022 年間的非常時期，能回到內心靜默處，離開二元性見解，回到一體裡，格外重要！

隱修院避靜

甜美的主啊，平息我的淚水

甜美的主啊，平息我的淚水，我的人生簡單，所知有限！

許多年前，在電影《大地的女兒》裡，聽見女主角茱莉佛斯特飾演的 Neil 說的這句話，成為響在心底的能量。

那是一個活在大自然根源深處的女孩，照顧她的就是自然——整個宇宙存在的能量，因此她也活得自然無矯飾，貼近存在頻率地活著。

每每我也貼近這樣的頻率地活著，深深地貼著自己，覺知著身體的各種訊息，活在一個人完整的圓裡，活著活著，就感到越來越甜了起來，感覺整個心輪都是深植的甜美，泛開至全身心氛圍，幾乎是跟隨存在，移動在一步接一步裡。

Neil 跟隨自然學了很多，我則跟隨直覺、跟隨大我學了最多。都是由直覺知道很多事，聽自然能量的引導，傾聽內在老師的引導。

直覺，就是存在性的聲音，常常出人意表地響自心底。最具體的當然透過關係（關連），關係是一面隨時都在的鏡子，映照出我們內在的活動。與親密友朋和親密愛侶的互動，真的是最好的老師，一份愛與非愛的靜心。

我曾在這樣的情境裡，學得好多，在愛得忘我中找尋那自

己在哪裡，在失衡中重新發現平衡的軌跡。每一回的重新發現，跟隨直覺的光前去，總是發現了更深邃，更洋溢自然甜味的自己。

失去，而後得到。放開，然後前行。這是存在最自然的律則了。

愛一個對象，學到的是對自己更深的愛，與自身越深的連結，我們只不過透過外在來與單獨的自己相會，漸漸，外在內在，越多的外在越多內在，分不開了！

外在，便是那甜美的主！那神性，那繽紛萬象，便是你。當她呼喊：「甜美的主啊，平息我的淚水。」我聽到的是她和存在那麼地近，已飲取存在的泉水，知道祂是那麼地甜啊。那淚水因為是和上主一起流動，所以不停息啊！這淚水像流水，因讚嘆存在而流動，不為悲愁哀痛。

這呼喊也是我心底的呼喊，終於，我抖落不少知識，回到簡單；我感動這簡單，簡單裡有愛，有祝福，有祈禱，有信任，已經願意放開來迎接上主要賜我的禮物。

我不知下一刻，那禮物是什麼。

但我又是知道的！

（本文選自《沐浴在光中》，2001 年出版）

此時此刻，我已抵達

回到那ㄍ語言所不能說出的

當你回到大自然中，你會依然在樹下或花叢間喋喋不休嗎？如果你真的和大自然「會合」了，你必然會安靜、鬆放下來，融入樹與花的能量中，進入這無言的空間。

你的身體體驗到了什麼？

如果化為語言你會如何說出？

寧靜、清涼、放鬆、止息、安慰、無限吧……。

化為語言並不能傳達能量，另一個個案其實不能與你透過語言在能量上「完全」相會；並且，在寧靜、清涼、放鬆之後還存在更深的，更深的語言不能說出的。

這真理實相源自個人的了悟，即使是在稱為「恐懼、痛苦」的情緒中，你所經驗的實相其實也是不能判斷、不能詮釋的。你可以透過語言試著解釋那巨大的痛苦如何逼迫身心，你的能量可以傳達你的煎熬和哀痛，讓在你面前的治療師了解；也可以透過身體工作釋放一些阻塞能量，使你好受一些，但是，你所經驗到的實相依然還是在那裡，在那裡要傳達一些訊息給你。

那個在觀照中所覺知到的活動就是實相，那個無法用語言說出的是實相。頭腦總試圖離開實相，說明它、解釋它、改變它，並且創造困難、發現問題，再試圖解決問題——如

此，自我就感到滿足，自我會覺得自己是有用的、會感覺到被滋養。

我們的「自我」需要被增長、被滋潤，才會覺得安全、滿足。我們有一個創造問題的頭腦，永遠在思考、解決問題，常常離「存在」很遠。

存在，就在你身心體驗的當刻，那如如不動，那俱足一切的當下，不可說、不可解的當下就是。而頭腦則是製造問題，停在過去經驗與未來渴望的專家；凡是有所欲求、有所推想都屬於頭腦，而——無物可抓，無事可得，「在」的發生，是與當下的會合。

「在」「當下」，開始的時候是瞥見；回到當下，治療就會發生，你會深深地放鬆下來，就坐在存在的懷裡。這一個片刻就已經足夠，頭腦消失，問題便已遠颺。

（本文選自《沐浴在光中》，2001 年出版）

神的倒影

來到神的樹下

久旱之後，來了一陣狂雨，轟轟烈烈地下了一下午，洗得淋漓盡致啊，身體感到歡暢，細胞也為之歡呼。

雨，盡情地下吧！再多一點，再多一點！我們需要你，需要你的滋潤，再滋潤，需要洗滌，需要甘霖，需要醍醐灌頂。

大雨過後，天光仍亮時我走出去，整個山間被洗得清亮，靈氣充滿；工作室門前的森林散發著令人禮敬的神聖氣息，幾株在炎炎夏日綻放的阿勃勒，沐浴過雨水變得鮮嫩欲滴，寄託在綠葉與綠色枝幹的串串流金雨垂下，在神性的光暈裡美得驚人！

我站到阿勃勒樹下一會兒，馬上被大自然的神愛包圍，神性的寧靜，始終在那兒，即使我離開了，祂一直在，等著我回來記起祂，記起祂一直沒有離開。

我有時候會離開神，但我以為沒有離開，神說那沒有關係，我的風帆一直在等待妳歸來。離開得愈遠，迷失得愈烈，尋找回歸的動力就會把妳帶回來，安坐家中。

離開神的背後有神的恩典，沒有人在沒有憂愁、傷痛、難解心事時，還能積極穿越的，療傷變成生命禮物的另一面貌。我的生命原型有濃厚的魔術師意味，魔術師是一個治療自己以至能治療別人的人，他能行使法術或奇蹟的原因

是他瞥見內外世界的同步性，外在世界就是磁場，吸引我們經驗與內境相符的事。

這個吸引的能力來自自我療癒。生命像旅行，不論行到哪個旅程，都能經由外顯的情境映照內心的光亮與幽微，那份光亮我們感謝，那份幽微會觸動我，令我探索，探索意識如何開始掙扎、糾葛，讓冰山下的痛曝光，讓自我體嘗不被保護、不再壓抑的慌張，讓它出現、崩解，允許，接受了，就是療癒，而療癒需要勇氣。

恩典總是與勇氣同在，療癒了恩典就悄悄降臨，你會認得出來。

我會向上靈氣師父訓練的學生說：治療者是一個魔術師或是巫師。有些學生感覺到她與巫術有連結，卻只停留在感覺，未真正跨向巫術或魔術的真正力量。那真正跨入的關鍵在持續療癒，帶著勇氣持續地探索無意識，接納無意識的你，才能連結大我的你。無意識的你就是心中的魔鬼和負面陰影，古代巫師擅於幫人驅除它，因為他先在內在療癒了它，療癒了，才會知道那奧秘是什麼。

知道療癒，便明白奧祕，便是巫師、靈氣師父或魔術師。我們手中的魔術並非來自外力控制，而是源於治癒創痛，叫醒內在沉睡的能量。

魔術師既是行使奇蹟的人，就需穿越內在與奇蹟相反的固執、停滯、無明這股反對力量，這股力量相當頑強，以便

造就你的神奇。許久以來,我承認體內每當順遂、無憂時就會近似停滯而不知,看似無為悠閒,其實有動能暗竄。這動能在督促我再度向上一躍,連結神奇,如果我不聽它,依然緩慢延宕,祂就會以某種谷底的經驗敲擊我,在我陷入谷底,奮力攀升,看見天空的微光,情境就會逆轉,接上了奇蹟了。

「我」臣服了。死亡與再生往往一線之隔,黑夜與黎明就在瞬間。

有魔術師原型能力的人,所面對的最大陰影是死亡。死亡是一股破壞以便再生的存在性力量,當我漸漸了解魔術,就會想學會與這股力量和氣相處,但並不能,死亡是毀滅性的,瓦解層層自我,自我遭臨瓦解就是死亡的況味,通過它,你又再自由了些。

海寧格已經八十歲了,我記得他的睿智:

「所有生長的都會死亡,所有死亡滋養活著的一切。」生和死在存在裡手攜手連成一線、一個大大的圓啊,不論看得見或看不見,影響都在。海寧格是魔術師,在家族星座治療中,擅於邀回看不見的家族成員重回家的大圓,身體消逝、肉體死亡的家人影響活著的一切,活著的人眷憶他,跟著他走了。

同樣的,我們生命中經驗的強烈失落、遺棄感是死亡,有些東西被帶走了,分裂之痛湧來,令人活不下去。那個被

帶走的是什麼呢？把它接納進心靈的大圓裡，即使消逝、即使應該放下，接納進來會使你完整，繼續生長。

生長與死亡正是神性的內涵，神性的誕生一定要經過劇烈的痛苦和失控的情感歷程，如果執著在順境，不能敞開心懷接納逆境的波濤洶湧，全然地經歷神給與的一切，就不能瞥見恩典。

一個逐漸整合的人，不就是對每個當下敞開的人嗎？當痛苦失落再度襲來，他逐漸願意領受，嘗試在其中彎腰謙卑，而不只是吶喊排斥；然後，他便會來到神的樹下，在存在的大雨洗滌後，遇見天光恩典，重新活起來，回歸中心，在那兒，所有離開的重新聚合，澆灌著一切，一切！

（本文選自《把神祕喝個夠》，2002 年出版）

禮敬生命的渺小與偉大

開闊的視野

致 海寧格老師

2002 年，在學習過十來種療法後，我遇到海爺爺。

他對無意識心靈的洞見使我臣服，他那跟隨道的帶領的智慧共振我心，因為已深入療癒，我很快領悟系統療癒精華，開始跟他學習家族系統排列。自此，因緣綿密地展開，我以此幫助許多有緣人融化鬆解，放下沉重，繼而能轉入內在道路，以此療法為覺有情的助緣，我奉獻般地給出家族療癒。

今聽聞海爺爺往生，當下，愛振動於心，感覺到他已永遠地住在我心中最好的位置，這一位偉大的靈魂，以開闊的視野，喚醒生命謙卑地敬重給我們生命的父母親，在道的引領中，我們後之來者禮敬生命的渺小與偉大。為最小的兄弟給出位置，使所有家人能被看見他一體性的存在。

他將傳統隱晦的業力呈現為清晰的無意識糾葛，以排列映照心的深鏡、解讀能量的真相。這項意識心靈的揭露，使初學者能自糾葛中鬆開，為生命對真相的渴望提供希望。

海爺爺的生命已在完整的循環後，回到光開始的地方，已在浩瀚的宇宙中前流，永不止息。

他的智慧我已領受，感恩這位善好的啟蒙師，智者海寧格老師！

把他放在我心上

放在我心上
愛者說
放在心上最好的位置
每個，我所愛的
人
媽媽爸爸
兄弟姊妹和
愛人
在一起的和不能在一起的
時光幻化讓命運另行安排的
愛
在連繫
超越了時空
住在心上
無垠的空間
心，滿溢柔美
在起飛
柔軟的淚水為何在流
為了
聽見了命運的歌聲
身軀彎下
向那更大的
沉默
鞠躬

佛國的祝福 / 日本合掌村

秋訪白川桃花源

自金澤前往合掌村只需一小時許，甫抵達，望著美極的白川山巒，知道已來到一處淨土，一方隱世桃花源。

合掌造型屋舍散落在村內（兩百多座），秋光極好，我們密密地拜訪村內各景，也悄悄地，我融入一個喜樂的淨土世界。

稍定神，感受空氣中細緻的精靈氣息，看到過去在此的念佛人等，曾因嚮往彌陀，他們來到合掌村，這裡充滿淨土神祇、諸佛菩薩，護守這個桃花源，無形無相卻清淨明了。

村內的一景一物都在訴說來自萬千佛國無量的祝福，我喜樂極了，也清明極了，這是外境相應了內心淨土，是外境種種可愛呼應了我的自性彌陀、自性天主。

感受到合掌村是行天道的，將佛性落實在農耕生活中，安居樂業，虔誠奉獻，過自給自足的生活，儘管如今遊客如織，待客之餘，虔誠敬愛仍在，行天道之人得到了無價之寶，必會恒常持守。

一日之行，我敬仰祂們為我演示的心法：

老實、真幹，在勞務中將心念繫在語默動靜中，發生什麼都是修心，放開執取，回歸清淨。

合掌村，就是自百年前已經落實找自性的示範，難得。

平行時空

我把我的夢留給你們

當我走了以後，我能去哪裡？

我將會在風中、在雨中，你將在寧靜的片刻感覺到我。有一千零一種方式可以感覺到我，如果你有信任和愛的話，就能在你的心跳裡找到我……不用特別去找我，我的意識是宇宙性的。

——奧修

有的人是透過他的書向外尋找他，我不是，當九年前開始讀他的書，我就明白那是他，他就是存在，而存在是空性的，芬芳的微粒子佈滿空氣。沒有一個人叫奧修，奧修是空無的，我也是空無的，如果你看到我，或看到其他人，請在他們身上認出空無，不要相信肉眼所見的，每個存在都比幻象大很多。

如果你想碰觸師父的愛，就請你放開自己，自我不會遇見神性，只在沒有防備的放鬆中，存在的愛會襲來，使你熱淚盈眶。

記得多年前第一次去三摩地看奧修，一進了屋子，淚水就沖垮了身子，心，深深被敲擊，淚與笑匯流，流滌著身心。之後，每一次回三摩地，能量的差距小了，衝擊小了，只是被他所占據，一起融在空無裡。

在空無裡，你知道一切俱足，沒有什麼要做的。有一次，治療師友人Gitama幫我做了一次能量閱讀，提到奧修和我的連結，我很開心。

開始時，她讀第一個能量中心，說：「從這裡，我很驚訝為什麼你會回來。」她頓了一頓：「在能量上，你並不需要。」

後來，在我的心輪，她發現解答：

「在心輪，你和奧修有很深的連結。因為奧修也是個回到身體的人，他讓你回來，你願意回來把超越世間的訊息傳遞出來！」

奧修給我的典範的確是「回到身體」，他使我體認回到身體並且超越身體的界限，活出當下的在。他是那麼能碰觸我的心，使我願意把愛分享給人們，我常看到的影像是他的手輕觸我的心，穿過我綠色的心，和無數人類、無數存在體連結。

就像朋友所說，我曾體驗過許多超越世間的智慧，如果也給它一個畫面，就是我只是我的能量體，擴散、擴散成無數藍光、白光，頻率愈來愈高，離開地球，肉體消失了，融合了，有一天，當我必須帶著肉體回來，外表如常，能量已經蛻變。

能量體的持續延伸拓展，使我能體嘗許多超越身體界限的

意識經驗，有時，也使我對回到肉體、回到物質界，對現實的執取削弱很多；也就是對物質煩惱的考量、認同、繫掛變得清淡，當你已體嘗精神旅程的浩瀚，實在很難縮回焦點在有限的執取上。

聽見朋友說，「在心輪上，你和奧修有連結」，我便了解為何有多次，我想要離開身體了，最後還是回來。門徒要接續師父的芬芳，我還能透過身體散發一些芳香給有緣人，只是分享我的「在」吧，這是我還能夠做的。

常會想起奧修說過：「如果沒有我這個受折磨的身體，我的『在』將會比現在大得更多更多。」即使這樣，他的在對我來說已經很多很多了，已經是很大的恩惠了。

他的來過人世，提供給我連結神性，連結存在與上主的相關經驗。我們想與上主連結，知道天父給我們無限愛，但即使有無數前輩透過靈修文字分享，上主仍像是一個源自內在光明的外在顯現，祂在哪裡？祂在我內裡，是內裡無限光明，但我怎麼去感覺祂？

我願意信任，願意謙卑，願意祈禱，願意在每件事物認出是祂，也已經在許多生活的奇蹟裡認出來，並且十分感謝，但是，我還是感覺上主太浩瀚了、無形無貌、太飄渺，對我太難了。

透過奧修來體認這些，就容易很多。他有過身體，有很多人見過他，很多事件發生在他活著的時候，我也能感覺到

他，特別是他提醒我「回到身體」。當我注意力向外尋找上主，或是佛陀，連結不會發生；當我回到身體，回到身體的家，覺知當下的在，領悟就發生了，上主在我內，佛性在我內，不再分裂的合一在我內，一切俱足。

回到每個當下的在，是奧修師父留給我的芬芳。「在」是最神奇的咒語，令當下一切發生，思慮憂愁遠颺。

當我覺知到「回到身體」，「全然活在當下」，「放鬆在這個片刻」，「信任存在的發生」，「融合為一」，一步一步地進入這個實相，這時，神奇就會進來，心中流動的只有感謝，只有了解。那是回到神性的家，安坐在心的大雄寶殿裡，一切皆是，被包涵了，也包涵一切！

（本文選自《把神祕喝個夠》，2002 年出版）

自心是覺性的根 / 桃園襲園

自性皈依

在大學時代影響我至深的王鎮華老師，他的本行是建築，關心中國建築與文化的落實，看重儒家的開展。大學時代，我本也是儒家，或道家，大學畢業後，我學佛，跟老師之間的聯繫減少了。後來，送給老師一冊《虛雲老和尚年譜》，他讀後大受開啟，進入了佛法。以他過去對真理的體知和實踐，很快能把握住佛法原意，沒有什麼葛藤。

老師是聰明而且耿介的人，生命的主體性很強，很少因為外在的事件紊亂自己的步伐，對文化極為深情，也很有體悟。欣賞他的人尊敬、讚歎他，不懂他的人則疑著、推測著什麼。

一個初夏夜晚，我來到我家附近他的家，同他聊到剛剛打完的禪七。能感覺到，他的生命有舊的沈腐掉落，新的嫩葉在生長。

我們先談到打坐這件事：

「處處都是三人行。」他說，禪七道場裏，他的右方是位老參，左方是個菜鳥：老參坐著坐著，搖晃得厲害，也是魔考，菜鳥則是怎麼盤都盤不好那雙腿。三人行，必有我師。

腿是很難降伏的。「人如果心做壞，腳走壞了，要盤腿打坐是很痛苦的。」

「打坐，可以騙騙別人，但是不能騙自己啊！」內心的念頭如何、覺受如何，是衝突或和諧，心都知道！

而「心平氣和的人，筋骨自然柔軟。」心，主宰了靈與肉，身心靈是三而一的，若能讀懂自己身心的因緣法，算是了解自己了。

「真正有體證的人，對言語是保留的，」他說：「人應該有七分體證，只說三分話。」人們總猜想，禪，為何是言語道斷呢？因為深刻的、道的體驗很難用世間人慣用的文字來表達，而且，既是體驗，已自給自足，無需捕捉。

他感覺到「辯才無礙的人，失之篤實。」這點，我，和許多朋友都有同感，伶俐者，天機淺。

自己就是一個寶藏

禪七時刻，是在面對內在的眾生。把外緣丟開，純粹面對內在的人、畜、鬼、神，認識內在蠢動的習性。把禪七想像成進入玄秘體驗，或想在短短時日就脫胎換骨的人，不免失望或逃之夭夭。人們往往能動不能靜，即使獨處時，仍要依賴點什麼來活絡心靈，若能做到真的棄絕，不抓、不攀，只是觀察自己的起心動念，才能稱得上「無為」。如此的禪訓，平時就得訓練，免得上禪七考場時，難以適應。

老師說，這次禪七是他生平第一次打坐，在第二、三天時

已漸入佳境，開始時，每坐一炷香，時間是滴滴答答過得老慢，入靜後呢，則坐得香甜，身心輕安，不想離坐。

七日禁語，能不說話，少了語言的干擾，心也透明起來。

他印象很好的是一些護七的菩薩（居士），為照顧打七者進食，專注用心的服務，努力觀察是否有哪一位要添飯加菜的，呵護之情溢於神，老師稱讚這些護七的菩薩「臉上的表情充滿著覺有情！」他十分感激菩薩們的護持。

老師的確體會到法喜了，法喜，使他增添了謙和，增添了柔軟，對生命更尊重，他說，更肯定「生活如來道」了！

老師的家是有二十年歲月的獨棟老屋，有院子，院子有大樹，有株株靈活的小植物，大樹環抱著屋舍，小植物在家的土地生根，初夏的夜風一經吹襲，整座屋舍泛起清靈的甜涼，微黃的燈寧靜地投射在身上、心上，空氣中有些喜悅掙脫束縛在穿梭著。

不逆自己的覺性

端起薄茶，杯溫著手，心田有清芬，情，比茶還要淡。

「原來，身體就是生機的覺體。」佛家常說：自己就是一個寶藏、就是寶藏，為何呢？因人必須借用身體來體會外在諸情諸事，藉由自己的眼耳鼻舌身意感受外界的色聲香味觸法。離開自己的身體，心靈無從作用；離開身體，理

想事業無能實踐；身體是個媒介，應當珍惜，但勿執取，因為身體必會老會病會壞，無人可免，執取者，徒傷心！

當讓身體成為覺性的樞紐，讓覺性引導自己去接觸、觀看和運作。如此，「此身難得」，便有了可貴的意義。

然後，老師說了他想說的話。

因為，在禪七結束時，辦了一場皈依典禮，即皈依主七老和尚。見大部分的人都登記皈依了，老師仍堅持初衷：皈依自性，不做形式上的隨喜皈依，而且，在他心中是敬重這主七的和尚，即是「皈依僧」了，更重要的是皈依佛、皈依法啊！

以佛陀的修行為明燈，憶想佛陀，砥礪自己也這麼做；以佛陀所教示的「法」為心中依止處，困頓迷惘時，以「法」來為自己打氣。

皈依呢，是如大海中有一燈塔，如幼童尋找母親的懷抱，是生命得到安頓無憂處，老師所堅持的「自性皈依」，則是知曉在浩瀚的三藏十二部經典之外，有一部最需要閱讀的經，需要夜以繼日不斷地了知，這部經，就存在自己的臭皮囊內，一本內在的經典。

老師說，日後想為自性皈依的人開出一條路，及打通世法與出世法。他說得篤實，如他一向地認真。但是，自性皈依的路，可以參考，卻必須以自己的雙足好好行走，一步

一履都不逆自己的覺性，不逆法，不逆真理，這樣才算。

做個誠誠實實的人，其實不頂容易。人，總被許多外在的訊息給攪糊塗了，忘了認真做自己。皈依，是回來做自己，收攝外放的感官，開墾內在的能量，再把吃飯睡覺讀書上班做家事這些事磊磊落落、歡歡喜喜地做好。

（本文選自《蓮花福田》，1994 年出版）

不住相而生心 / 台中菩薩寺

活在上天醇厚的恩典裡

鎮華老師，早上，練完太極，坐在校園裡，你的身影又出現了。

本來，希望靜靜觀察心上的變化，把你放在心上，而你一再出現，好的，我來看看那是什麼？

大二時，在曾昭旭老師家認識你，那時你和師母正是美好的四十盛年，你邀我去聽演講、陪同被採訪、參加西格瑪聚會，加入你的朋友圈……當時，曾老師家和你家是我尋常遊歇處，我早熟，同輩間能談中國文化的人少，有兩位啟蒙老師陪伴，如魚得水，安適如家。

記得我發現你的卡片筆記，問你：「老師，你的壹簡書院呢？何不落實？」

我愛怡玎姐，常待在你家，那時小元才五歲，我陪她玩家家，她幫我編辮子……。

你們的家溫潤著我，婚後，我甚至住到附近，里仁為美。

我們都是懂中國文化的浩瀚大美的人，後來，我和佛法與新時代眾法匯集的因緣也來，發展、擴張、演變必須發生，內在意識渴望知道它們的位置，渴望演練融會貫通。

再者，我的療癒天賦持續啟動，想使儒釋道的深奧匯入尋

常百姓的生命，從他們自身的幻相開始醒轉，於是，便少見你了。

七月時，你完成了這期生命，瀟灑地走了，認識你的人多，我沒加入追思會。默默地在感受心上流過的一切，還不知道是什麼，也不去給予詮釋。

今早，我知道這是你影響我的部份，在三十年前就已化入我的本性，我允諾會活出它，活在上天醇厚的恩典裡，我也曾經帶著理想奮鬥、奉獻與辯証，並經常從中獲得洞悉力。我和你一樣用生命歲月去換得意識之光。

但，我不願意生命處在對立與抗爭中，一旦執著理想，它就變成概念，只是頭腦裡的妄執。老師，你的努力與無力我懂，你從不妥協，並在不妥協中消耗了自己。

感覺到你的在，感覺到你的聽，在老師面前，學生再度靜默下來。

先跟你說這些，再聊。

靜蓉

泰國解脫園

來，認識苦惑這位老師

我有明珠在懷，為何我識不出它呢？

醒覺路上，要在哪裡找它呢？

要在受苦與疑惑的經驗裡認出它，不要從經典找，讀經是本份事，要在身心苦惱這本經裡認出它。

明珠，就佛陀看，是摩尼寶珠，是我們內在的佛性。

在鑽石途徑的阿瑪斯稱為鑽石本體。

在王陽明先生看是心之體，是良知。

在耶穌看是臣服交託，是奧秘是愛。

在海寧格看來，是開闊的視野，是跟隨道的帶領。

在我看來，明珠就是我們內在的目睹、是我們的觀照，我們可以將觀照的精華精粹運用在生活的實踐上，就是在生活中持續地觀心。

人沉浸在煩惱塵勞中怎麼進行觀？

一、改變信念。

提升對信念的認知品質，就能夠提升自己所處的際遇。

二、離開故事和夢境，往覺察走。

每當你沉浸在故事中、沉迷在現象中，就會陷入幻覺裏，老舊的情緒會出來，這時候，不怕念起只怕覺遲，覺察它，從沈浸在現象的情況超拔出來。

如果沒有掉入故事情境，就安住在自身的覺察目睹中（witness），持續在生活的當下練習。這即是觀心的要點。

也許加上第三。

在來到持續的目睹前，有許多功夫要累積，療癒、除迷、試誤與錯用心，都需一再一再地練習。持續地錯用持續地修正，在著迷於現象中用功夫，累積出能來到離苦的功力，累積出離夢幻的真心，之前的種種都是準備。

會誤用小我，不斷地著相……這些，都將在目睹覺知中，從初始的逃避苦，歷經成長歷練，一再地看懂人生裡各種劇情，為的是使自己真誠面對苦。若不願面對苦是福德資糧不夠，聞思不夠，真理聽聞薰陶尚淺，便會想走速成之路來避苦，這就是錯用心，不老實。

醒覺路上，大半行程在兜圈子，就因避苦，視苦為蛇蠍。苦是覺受：是無價值感、無望、卑微感，諸苦會迷惑人，使人避苦，轉向名利成就來避苦。

利用避苦階段來磨練成長，同時探索真理，看穿信念，靜心離幻，是必要的功夫。

累積了多少福德資糧，才能破多少虛妄迷執，真正目睹則

是離文字相的功夫，覺知目睹真正發生，當下便是塵盡光生，照破山河萬朵，每個當下功夫都如實，也入空性。

所以說，「我有明珠一顆，久被塵勞關鎖，如今塵盡光生，照破山河萬朵。」這塵勞是虛妄的觀念知見，會在每個觸目遇緣中被引出，用覺察光照它、看清它、消融它，不再增添修剪它，日日消融，每日都能回歸佛性本體的，正是佛性的覺照之力！

自性是一無所缺的

迷人嚮往他處，愛者當下即是

我在許多人臉上看到尋找的眼神，伴隨著失望無助。他們把可能性寄託在做喜歡的事、遇見對的事，甚或是開悟上，寄託在不確定的未來。就這樣一個計劃接著一個展開。

這是迷（失）人的思維。做一些事使自己快樂是方便法，然而如果你願意審視根源，會知道：快樂，喜悅需要現在就被找到，在笑容綻放時、在心懷感恩時，在生活小事的讚嘆滿足時，就在現在發現。

如果現階段的你，沒有任何喜悅、感恩與滿足感，未來也不會有。我們需要有找回快樂的能力，而非一再地找出當下的缺陷，延後喜悅的到來。

奇蹟沒有難易之分，我的心容易發現當下的殊勝處，所看出的景象經常巧妙的反映心意念，上主經常適時地答覆我的需要；或是從外境，我能即時認出這世上主的給予。當這份靈慧之心充滿，經常就在幸福感裡，因為我們的本質就是一無所缺的！

本體的失落，可能發生在童年或更久以前，這是思想感受代替了臨在，誤將小我認作是我，起因多半是（童年）創傷形成了本體的失落，抽離了意識，認同了思想，覺察不到只是存在的喜樂，產生的追尋很深很密。也可以說，尋求做一些可以使自己更好的事。

是因為「迷失」，就世間法來說，變得更好的欲望能促成成長，但若渴望找到真我，求好是迷，是思想創造出虛妄，是頭腦在做著夢。

現在，放下腦裡所想的，把思想還給思想，

把過去還給過去，

把未來交給上天，

回到現在，

感恩你我在書頁相逢，感恩身心平安，

感恩今天，我能體驗，能覺察，

感恩神聖的當下，Namaste！

上帝和我們玩遊戲

上帝的晚餐

年老的婆婆是虔誠的佛弟子，喜愛念佛，終身吃素，然而在她獨居的生活中，陪她的是一場場不落幕的民視大時代劇，那些愛之欲其生、恨之欲其死的劇情在台灣民家廳堂裡佐菜入飯，讓觀眾共振愛恨情仇。

為什麼吃素信佛的婆婆還需要追劇？除了解悶陪伴外，是需要那份對戲劇性的感知，那份喜怒哀樂，雖然是顛倒的，但沒有這些顛倒現象存在，就無法產生對照、需求，認出自己要什麼、不要什麼，如果少了適當的對照，只有日日好日，時時好刻，處處美景，可能會覺得好山好水好無聊。

這就能延伸為許多人常問的「為什麼上帝要創造出這個世界？」「為什麼祂要顯化這個二元的顛倒世界，令我們在苦中修，以找回本俱的清淨呢？」

呵呵，這是個非如此不可的宇宙創造力。

如果我們一直是一，是一體，沒有對象物，那麼我們會吃著一個人的無聊晚餐，玩著一個人的無聊遊戲，這樣是行不通的，我們要顯化世界，須要忘記自己是全能的上帝，忘記自己是誰，要得了失憶症，忘記自己是大海裡的一滴水，開始尋找，在尋找中顯化萬有、經歷、故事、苦難、試誤……就為了好玩之故，是的，就為了好玩。

一旦沉醉在這個顯化的過程，你會發現這是個受苦的世界，因為你遺忘了自己、找不到自己，你在這二元的苦樂、愛恨、尊卑、貧富、生死得失中上上下下地輪迴著，這個遊戲十分磨人，除非你能從這二元性運作中超脫出來，否則只是在程序中重覆輪轉，難上加難。

這是必要的，且及早需要覺察的「醒來」，對許多人有困難，因為二元性架構使他更趨樂避苦，他的敏銳度不夠時，會以趨樂來緩衝痛苦，以避苦來延緩面對這生死大事，也不知如何面對生命大事。

是的，為了解脫二元性的痛苦，必須找到、利用醒來的機會，一次次地磨擦自己的昏睡，鬆開加上來的各種認同，讓小我安靜下來做靜心練習，以便能逐漸逐漸地憶起你是誰。

拉瑪那馬哈希尊者

獨坐大雄峯，安住自性中

「什麼是自性？祂在哪裡？我如何能安住在祂之中？」

對於這個，我至愛的上師拉瑪那馬哈希尊者會這麼回應：

是誰想知道答案？現在在覺知這些話的那個是什麼？那個能聽見聲音，又無法被聽聞的是誰？

那個能看見白雲，自己卻無法被看見的觀者是誰？

就這樣產生了馬哈希送給世界的參問：

那個在疑問的是誰？那個在尋找的是誰？那個想要改變的是誰……一直探究到覺知的源頭，也就是「我即自性」，自性能觀能覺，自性即覺性本身，卻不是那些想要、不是那個煩惱、不是那個迷惑。自性是覺知本身，而非任何生滅的對象。

找到覺察、安住在覺察中，安住在空性裡、安住在當下，人們在尋找更好的，卻不肯回到自性（一體）本身，一旦安住在覺察的時機成熟，會體會到我非客體，我非感覺，也非思想，能發現從客體的認同中解脫出來的解放感。

你不會在此看到什麼特殊景象（景象也是客體），不論有什麼升起，都只是看著它們交會、經過（這需要長期的功夫），任運覺性來目睹、允許、不打壓、不迷失地看著心的變化……。

這個能看能目睹的源源不絕之流，即是你，能安住在這空寂且自在的心（覺察）中，這就是你。任何自天空中升起的雲朵（思想、體驗），你可以體驗之，你和它們是一體的，它是從你的心幻化而出的，你允許它們，甚至連允許都不是，你什麼都沒有做，你不再處於二元對立之中，不是允許、接納、排斥或追求。

永嘉大師說的「不除妄想不求真」，你已經是，本來就是，當心恢復能覺察的功能，不再用添加、改造、排除、打壓來妄求更好，因為所求的仍是個妄。

別曲解這些文字。在能自在地觀照覺察之前，需要無數的功夫練習識心、識腦，耗盡塵勞，鬆開刻意。馬哈希尊者提醒我們：

終極的解脫是無法被達到的目標，因為我們本來即是，我們本來就是上主所創造的圓滿自身。

在當下善護念，善護清淨心

靜心：一切的發生都在返回清淨

請誦讀靜思：

一切世間能遇到的都是二元性的，是相待而生，依因緣而
現：需要的便會出現，相信的就會存在。都因其對立面而
有。

這些相待而生，依因緣而現的「但有名相本無實義」，是
虛幻的，借用而已。所有相對而生的一成立，就有痛苦矛
盾，二元性內一切皆是共存的。如我想解脫離苦，就從二
元中覺察，覺察即鬆開，從概念名相鬆開，沒有什麼要去
保護，時常回到心的本自清淨。

如果眼前人有苦有迷，就應機相待，因病與藥，給他需要
的，不給最好的，給完便放下，把自己的心也輕輕鬆開來，
就是個圓融自己清淨心的機會。

任何因緣流進生命，可以迷也可以覺，在出現的當刻會勾
出舊有的反應，全然在其中，允許感覺和思想幻化，經過
走過，然後放過，看見得失心也好、欲望也好，淡化它們，
覺知它們，又回到清淨心。

人與人的因緣如波浪，有所執取即空幻，將空幻放下，鬆
開來，再回到清淨本來。

王靜蓉 出版著作

《天使心法卡》。2017/8 內在恩典教室出版

《天使心法雙CD》。2017/3 內在恩典教室出版

《旅行，在愛的五次元》。2013/10 兩儀出版

《光的工作書》。2009/10 兩儀出版

《天使，光之旅》。2007/9 春天出版

《開花－神性的微笑》。2006/7 春天出版

《天使呼喚卡》。2005/5 神奇塔羅出版

《從直覺到通靈》。2004/10 春天出版

《把神秘喝個夠》。2002/9 生命潛能出版

《沐浴在光中》。2001/1 遠流出版

《奧修靜心之旅》。1999/2 方智出版

《美麗的靈魂》。1998/12 探索文化出版

《愛情煩惱免疫學》。1997 水瓶世紀出版

《電影修鍊魔法》。1997/10 新路出版

《豐富小宇宙》。1997/12 佛光文化出版

《用愛作解答－忙碌心靈的寧靜藥方》。1996/10 遠流出版

《瑜伽心靈美學》。1995 巨龍出版

《童心禪－有小星星已經很久了》。1995/7 時報出版

《愛‧修行與生命》。1995/3 平安文化出版

《生命流動，自然美麗》。1995/10 遠流出版

《蓮花福田》。1994/5 圓神出版

《學佛與行醫》。1994/2 圓神、慈濟同時出版

《本來面目－虛雲老和尚語錄》。1993 皇冠出版

《母子禪－與孩子共享的佛經故事》。1992 圓神出版

《蓮花人間－般若波羅密多心經小品》。1992 音樂中國出版

《相見之愛－萬丈紅塵裡柔情深摯的生命》。1991/7 晨星

《一味禪‧雪之卷》。1990 躍昇文化出版

《同心蓮開》。1990/1 皇冠出版

《生活的廟宇》。1990/11 佛光文化出版

《水晶的光芒》。1990/1 佛光文化出版

《信願念佛－印光大師文選》（選編）。1982/6 圓明出版

《寧靜的宇宙》。探索文化出版

《在美麗的因緣裡》。巨龍出版

《尋常飲水》。1989 躍昇文化出版

《宛在水中央》。1986 希代出版

國家圖書館出版品預行編目資料

當直覺綻放，神性甦醒，會發現：
自己就是一個寶藏/王靜蓉文.攝影. -- 臺南市：
兩儀開發設計有限公司, 2021.05

　　面； 公分. -- (靜心治療系列；3)

　ISBN 978-986-85638-2-7(平裝)

　1. 靈修
　192.1　　　　　　　　　　　110006336

靜心治療系列 003

當直覺綻放，神性甦醒，會發現：

自己就是一個寶藏

作者：王靜蓉
主編：王靜蓉
文編：鄭德馨
校對：陳一菁、王靜蓉
美術設計：王靜蓉、鄭德馨
發行人：吳東良
出版：兩儀開發設計有限公司
地址：台南市勝利路 190 巷 28 號之一
電話：06-2342407
印刷：精點印前科技有限公司
定價：380 元

代理經銷：白象文化事業有限公司
地址：401 台中市東區和平街 228 巷 44 號
電話：04-22208589

2021 年 5 月出版一刷
ISBN：978-986-85638-2-7
Printed in Taiwan